Reihe Germanistische Linguistik

35 Kollegbuch

Herausgegeben von Helmut Henne, Horst Sitta
und Herbert Ernst Wiegand

Kalevi Tarvainen

Einführung in die Dependenzgrammatik

2., unveränderte Auflage

Max Niemeyer Verlag
Tübingen 2000

Die Deutsche Bibliothek – CIP-Einheitsaufnahme

Tarvainen, Kalevi:
Einführung in die Dependenzgrammatik / Kalevi Tarvainen. – Tübingen : Niemeyer, 2000
(Reihe Germanistische Linguistik ; 35 : Kollegbuch)

ISBN 3-484-31035-9   ISSN 0344-6778

4

© Max Niemeyer Verlag GmbH, Tübingen 2000
Printed in Germany.
Gedruckt auf alterungsbeständigem Papier.
Satz: Williams, North Wales, UK
Druck: SDK Systemdruck, Köln
Buchbinder: SDK Systemdruck, Köln

Inhaltsverzeichnis

Abkürzungen

Ablat.	= Ablativ (Finnisch)	Sallat	= Substantiv im Allativ (Finnisch)
Abstr	= Abstraktbezeichnung	Selat	= Substantiv im Elativ (Finnisch)
Akk.	= Akkusativ		
Allat.	= Allativ (Finnisch)	Sillat	= Substantiv im Illativ (Finnisch)
+ Anim	= belebtes Wesen		
− Anim	= unbelebtes Wesen	Spartit	= Substantiv im Partitiv (Finnisch)
Dat.	= Dativ		
E	= Ergänzung	Translat.	= Translativ (Finnisch)
Elat.	= Elativ (Finnisch)	V	= Verb
Freq	= sich wiederholend	VP	= Verbalphrase
Gen.	= Genitiv	$1 + (1,2) = 3$	= 1 obligatorischer, 1 oder 2 fakultative Aktanten, wobei die Gesamtvalenz 3 ist.
Hum	= menschliches Wesen		
Hum Inst	= eine aus Menschen bestehende Institution		
Illat.	= Illativ (Finnisch)		
Iness.	= Inessiv (Finnisch)	3. Inf. Elat./Illat.	= Elativ/Illativ des 3. Infinitivs (Finnisch)
Inf.	= Infinitiv		
Inf_{zu}	= Infinitiv mit *zu*	(...)	= fakultative Valenz oder fakultativer Aktant
N	= Substantiv (Nomen)		
Nom.	= Nominativ	[...]	= freie Angabe
NP	= Nominalphrase	/	= Alternative
NS	= Nebensatz	≠	= nicht gleichbedeutend
$\text{NS}_{daß}$	= Nebensatz mit *daß*	*	= ungrammatisch
Partit.	= Partitiv (Finnisch)	(*)	= zwischen grammatisch und ungrammatisch
Pron_{Indef}	= Indefinitpronomen		
pS	= Substantiv mit Präposition	———	= syntaktische und semantische Konnexion
pSa, d...	= Substantiv mit Präposition + Akkusativ, Dativ ...		
$\text{pS}_{auf, mit ...}$	= Substantiv mit der Präposition *auf, mit ...*	—x—	= Konnexion der freien Angabe
S	= Satz		
Sa	= Substantiv im Akkusativ	– – – –	= logisch-semantische Konnexion
Sablat	= Substantiv im Ablativ (Finnisch)	~~~~	= formale Konnexion

Vorwort

Die Dependenzgrammatik oder Abhängigkeitsgrammatik untersucht Abhängig-
keitsbeziehungen zwischen Satzteilen. Sie will ermitteln, welche regierenden
Elemente verschiedenen Ranges es im Satz gibt und was für untergeordnete
Elemente mit ihnen verbunden sind. Außerdem versucht die Dependenzgrammatik, die verschiedenen Satzteile mit Hilfe von linguistischen Operationen
explizit und möglichst widerspruchslos zu definieren.

Die Dependenzgrammatik wird oft auch, mit Berufung auf die Chemie,
Valenztheorie genannt. Sie ist gewissermaßen eine Chemie der Sprache. Wie die
chemischen Grundstoffe größere Verbindungen bilden, so verbinden sich auch
die sprachlichen Elemente zu größeren Einheiten. Die Chemie untersucht
chemische Verbindungen, die Dependenzgrammatik sprachliche, vor allem
Sätze.

Die vorliegende Arbeit stellt sich die Aufgabe, dem deutschsprachigen Leser
die Grundbegriffe der Dependenzgrammatik darzubieten und vom Verb aus-
gehend ein für mehrere Sprachen passendes Gerüst der Dependenzsyntax zu
schaffen. Die meisten Beispiele stammen aus dem Deutschen. Zum Teil wird
auch kontrastiv verfahren, so daß z.B. englische und finnische Beispiele heran-
gezogen werden. Der Darstellung liegt mein finnischsprachiges Buch „Dependenssikielioppi" zugrunde. Die deutsche Fassung stellt jedoch eine Erweiterung
und völlige Neubearbeitung des finnischen Buches dar.

Meine Freunde und Kollegen haben mir bei der Arbeit geholfen. Vor allem
möchte ich Herrn Dr. Herbert Blume (Technische Universität Braunschweig)
nennen, der meinen Text an vielen Stellen inhaltlich ergänzt und verbessert hat.
Besonders wertvoll sind seine neuen kontrastiven Beispiele (vor allem dänische
und schwedische). Außerdem verdanke ich ihm die endgültige stilistische
Überarbeitung des Buches. Auch Frau Dr. Marja-Leena Piitulainen (Universität
Tampere), Herr Prof. Dr. Kyösti Itkonen (Universität Jyväskylä) und Herr Prof.
Dr. Ahti Jäntti (Universität Tampere) haben das Manuskript durchgelesen und
mir gute Vorschläge gemacht. Den Herausgebern der „Reihe Germanistische
Linguistik", vor allem Herrn Prof. Dr. Helmut Henne, verdanke ich manche gute
Ratschläge. Frau Maija-Leena Peltola hat mein handschriftliches Manuskript
sorgfältig ins reine getippt. Ich danke herzlich allen meinen Helfern, aber für
Fehler und Unzulänglichkeiten bin ich allein verantwortlich.

Jyväskylä, im September 1980   Kalevi Tarvainen

Einleitung

Der Grundgedanke der Dependenzgrammatik oder eigentlich ihres Kernstückes, der Valenztheorie, wurde im Jahre 1934 von dem Wiener Philosophen und Sprachtheoretiker Karl Bühler folgendermaßen ausgesprochen: „Es bestehen in jeder Sprache Wahlverwandtschaften; das Adverb sucht sein Verbum und ähnlich die anderen. Das läßt sich auch so ausdrücken, daß die Wörter einer bestimmten Wortklasse eine oder mehrere L e e r s t e l l e n um sich eröffnen, die durch Wörter bestimmter anderer Wortklassen ausgefüllt werden müssen."[1] Die Sprache stellt also ein geregeltes Miteinandervorkommen ihrer zu verschiedenen Klassen gehörigen Elemente dar. So sind im Satz *Der Mann liebt seine Frau* das nominativische Element *der Mann* und das akkusativische Element *seine Frau* vorkommensmäßig an das verbale Element *liebt* gebunden. Das Darstellungsprinzip, das dieses geregelte Miteinandervorkommen von sprachlichen Elementen so beschreibt, daß in der Regelfolge oder im Diagramm jedes Element nur einmal repräsentiert ist (vgl. S. 4), wird K o n k o m i t a n z genannt.[2] (Das hiermit konkurrierende Darstellungsprinzip der K o n s t i - t u e n z, bekannt vor allem aus der Generativen Transformationsgrammatik, ist charakterisiert durch die wiederholte Repräsentation sprachlicher Elemente in Regelfolgen und Diagrammen [„rewrite-rules"].) Mit Konkomitanz ist lediglich das Miteinandervorkommen von Sprachelementen angesprochen, ohne daß damit schon Aussagen über eine mögliche Hierarchie der vorkommenden Elemente gemacht werden. Erst der Begriff D e p e n d e n z bringt eine solche hierarchisierende Perspektive in die Syntax hinein: das Verb (hier: *liebt*) wird als das höchste Element des Satzes, als R e g e n s, betrachtet, von dem dann das nominativische und das akkusativische Substantiv als untergeordnete Bestimmungen oder D e p e n d e n t i e n abhängen. Dependenz ist somit eine „gerichtete" Konkomitanz (s.u., S. 5).

Das Verb *lieben* kann auch mit dem Atom eines chemischen Grundstoffes verglichen werden. Wie das Sauerstoffatom zwei Wasserstoffatome verlangt, um die chemische Verbindung H_2O oder Wasser zu bilden, so verlangt auch das Verb *lieben* zwei „valenzgebundene" Ergänzungen, den Nominativ und Akkusativ bestimmter Substantive, um eine sprachliche Verbindung (Satz) zu bilden (es wird gesagt, daß die V a l e n z des Verbs *lieben* 2 → Nom., Akk. ist).

---

1 Bühler (1965) 173.
2 Engel (1977) 27.

1

Deswegen wird die Dependenzgrammatik oft auch Valenzgrammatik oder Valenztheorie genannt. In Wirklichkeit ist die Valenztheorie aber nur ein Teil — wenn auch der wichtigste — der Dependenzgrammatik. Sie erfaßt die Regentien und ihre valenzgebundenen Ergänzungen. Zum Gegenstandsbereich der Dependenzgrammatik gehören aber außer ihnen auch die sog. freien Angaben, d.h. Dependentien, die in der Umgebung eines Regens vorkommen, von ihm aber nicht „verlangt" werden, also nicht valenzbedingt sind. Eine freie Angabe ist z.B. *immer* im Satz *Der Mann liebt seine Frau immer.*

Ebenfalls im Jahre 1934 veröffentlichte der Franzose Lucien Tesnière, der als der eigentliche Vater der Valenztheorie angesehen wird, seine erste Dependenzstudie, einen Aufsatz über die strukturale Syntax. Das Wort „Valenz" (franz. *valence*) verwendete er zum ersten Mal im Jahre 1953 in einem Büchlein, das die Grundzüge der strukturalen Grammatik behandelt (Tesnière 1953). Diesem kleinen Buch folgte im Jahre 1959 postum Tesnières umfangreiches Hauptwerk „Eléments de syntaxe structurale", das als die eigentliche Grundlage der wissenschaftlichen Valenztheorie betrachtet wird. Der Terminus „Valenz" sowie auch die wichtigsten anderen Begriffe der Valenztheorie kommen jedoch explizit schon 1949 in dem holländischsprachigen Werk „Structurale Syntaxis" des Holländers A.W. de Groot vor. Dieses Buch blieb jedoch, zunächst wohl wegen seiner Sprache, außerhalb der späteren Entwicklung der Dependenzgrammatik, die größtenteils, besonders in Deutschland, auf Tesnière beruht. In die deutsche Grammatik wurde der Valenzbegriff Tesnières um 1960 von Hennig Brinkmann und Johannes Erben eingeführt. Auch in der Duden-Grammatik von Paul Grebe (1959) sind die Grundgedanken der Dependenzgrammatik anzutreffen, obgleich Grebe im Jahre 1959 noch nicht explizit den Begriff „Valenz" verwendet. Im Jahre 1965 erschien die erste Valenzuntersuchung von Gerhard Helbig, der als der führende Valenztheoretiker der DDR gilt und 1969 — zusammen mit Wolfgang Schenkel — das erste Wörterbuch auf valenztheoretischer Basis, „Wörterbuch zur Valenz und Distribution deutscher Verben", veröffentlichte. Gegen Ende der 60er Jahre erschienen die ersten Dependenzstudien von Jürgen Heringer und Ulrich Engel. Engels „Syntax der deutschen Gegenwartssprache" (1977) stellt die erste systematische Dependenzgrammatik dar. Er und Helmut Schumacher haben auch das erste westdeutsche Valenzwörterbuch herausgegeben („Kleines Valenzlexikon deutscher Verben"; 1976).

Die oben genannten Forscher haben sich vor allem mit der Verbvalenz beschäftigt. Die Valenztheorie hat sich aber auch auf Fälle ausgedehnt, wo das Regens ein Adjektiv oder Substantiv ist. Die Valenz von Adjektiven und Substantiven ist vor allem von Karl-Ernst Sommerfeldt und Herbert Schreiber (DDR) untersucht worden, die auch die Verfasser der ersten Valenzwörterbücher zum Adjektiv (1974) und zum Substantiv (1978) sind. Der Valenz von

2

Substantiven ist auch Wolfgang Teubert in seiner Dissertation „Valenz des Substantivs" (1979) nachgegangen.

Die Dependenzgrammatik ist vor allem eine deutsche Erscheinung und hat sich auf die Untersuchung der deutschen Sprache konzentriert. Auch mit dem Französischen und dem Englischen haben sich hauptsächlich deutsche Forscher befaßt: Winfried Busse hat mit dem Franzosen Jean-Pierre Dubost ein „Französisches Verblexikon" (1977) geschrieben, mit der Valenzgrammatik des Englischen hat sich vor allem Rudolf Emons beschäftigt (1974; 1978). Von den englischsprachigen Forschern können z.B. Charles J. Fillmore, John Anderson und J.F. Robinson erwähnt werden, die neben die genannten deutschen, hauptsächlich morphosyntaktischen Dependenzgrammatiken semantisch und tiefenstrukturell orientierte Theorien gestellt haben. Auch die Deutschen Klaus Heger und Wilhelm Bondzio, der Belgier Jacques Lerot und einige russische Forscher haben die semantische und tiefenstrukturelle Seite der Dependenzgrammatik betont.

Im ganzen ist die Bibliographie zur Dependenz- und Valenzgrammatik sehr umfangreich geworden. Als Vorfahren der Valenz- und Dependenzgrammatik können außerdem noch viele ältere Forscher genannt werden, z.B. W. Meiner (18. Jh.), der zwischen einseitig-unselbständigen („absoluten"), zweiseitig-unselbständigen („relativischen") und dreiseitig-unselbständigen Prädikaten schied. An sich kann die Geschichte des Dependenz- und Valenzgedankens bis auf die Antike zurückgeführt werden. Die wissenschaftliche Dependenzgrammatik i.e.S. ist jedoch nur etwas über zwanzig Jahre alt. Auch das oben zweimal genannte Jahr 1934 gehört noch zu ihrer Vorgeschichte.

Die vorliegende Darstellung beschränkt sich hauptsächlich auf die oberflächenstrukturelle oder morphosyntaktische Dependenzgrammatik. Da die Valenzerscheinungen der Oberfläche jedoch auf semantischen und begrifflich-logischen Faktoren basieren, muß oft auch die Tiefenstruktur berücksichtigt werden. Dieses Buch analysiert nicht verschiedene Theorien, sondern erstrebt ihre Synthese. Zugrunde liegen vor allem die Theorien von Tesnière, Helbig und Engel. Was an der Theorie von mir selbst stammt, wird der Sachkenner leicht feststellen können.

Der Satz ist eine strukturierte Ansammlung von Elementen, und zwar von Wörtern, die ihrerseits aus einem oder mehreren Morphemen bestehen. Zwischen diesen Elementen herrschen bestimmte Grundrelationen. Nach der Dependenzgrammatik ist die Grundrelation des Satzes K o n n e x i o n, die nach dem Prinzip der Konkomitanz und Dependenz dargestellt wird.

1.1   Konnexion – Konkomitanz, Dependenz – Valenz

Der Begriff K o n n e x i o n[3] wurde in die Dependenzgrammatik von Lucien Tesnière eingeführt. Damit ist der innere Zusammenhang zwischen den Satzteilen gemeint. So besteht nach Tesnière der Satz *Karl spricht* nicht aus zwei, sondern drei Teilen, nämlich 1) dem Element *Karl*, 2) dem Element *spricht* und 3) der Konnexion, einer strukturellen Beziehung zwischen beiden. Ulrich Engel[4] deutet diese Beziehung so, daß sie eine Vorkommensbeziehung sei und daß die Konnexion ein geregeltes Miteinandervorkommen von Klassen und damit auch von einzelnen Elementen darstelle: die Elemente *spricht* und *Karl* (oder *der Mann*) kommen zusammen vor, während *dem Mann* und *spricht* nicht zusammen auftreten können (*Dem *Mann spricht*). Dabei wird von der Anordnung der Elemente im Nacheinander des Sprechens oder der linearen Anordnung abgesehen. So ist die Konnexion zwischen *Karl* und *spricht* in den Sätzen *Karl spricht* und *Spricht Karl?* gleich. Sie ist also unabhängig von der Wortfolge.

Konnexionen können durch verschiedene Mittel beschrieben werden, z.B. durch Konstituenz (s. unten S. 11) und K o n k o m i t a n z[5] (meist in Diagrammform dargestellt). Im konkomitanziellen Diagramm ist jedes Element nur einmal repräsentiert (zum Konstituenzdiagramm s. unten). Wenn wir unseren Satz *Karl spricht* mit Hilfe von Symbolen beschreiben (V = *spricht*; *Karl* = E), so sieht die konkomitanzielle Beschreibung (= Konkomitanz) z.B. folgendermaßen aus:

---

3   Tesnière (1965) 11; Engel (1977) 20.
4   Engel (1977) 20.
5   Engel (1977) 27.

$$\begin{array}{cc} \text{E} & \text{V} \\ (\textit{Karl}) & (\textit{spricht}) \end{array}$$

Dieses Diagramm besagt, daß E (*Karl*) zusammen mit V (*spricht*) vorkommen kann, d.h. daß es eine Konnexion zwischen E und V besteht. Die obige horizontale Konkomitanzordnung der Elemente kann in eine vertikale Ordnung umgewandelt werden:

$$\begin{array}{c} \text{V} \\ (\textit{spricht}) \\ | \\ \text{E} \\ (\textit{Karl}) \end{array}$$

Die Anordnung der Elemente in der Vertikalen wird verbindlich geregelt. Einigen Elementen (Symbolen) wird danach der höchste oder ein höherer Platz zugewiesen, während andere nur tiefer angesetzt werden dürfen. So ist oben dem Verb *spricht* (= V) der höhere, dem Substantiv *Karl* (= E) der tiefere Platz zugewiesen worden. Diese vertikale Darstellungsweise stellt also eine gerichtete Konkomitanz dar, welche D e p e n d e n z genannt wird. Nach Engel[6] liegt Dependenz vor, ,,wenn Konkomitanz in eine bestimmte (im Diagramm: vertikale) Richtung gebracht ist". Engel betont, daß diese Richtung ,,keineswegs naturgewachsen oder irgendwie durch die Sprache vorgegeben", sondern von einer willkürlichen Entscheidung des Grammatikers abhängig sei. So könnte oben auch dem Substantiv *Karl* der höhere, dem Verb *spricht* der tiefere Platz zugewiesen werden. In der Dependenzgrammatik ist aber eine Entscheidung derart getroffen worden, daß der höchste Platz im Diagramm dem Verb zukommt. Das hängt zum Teil damit zusammen, daß das Verb — im Gegensatz zum Adjektiv und Substantiv — immer eine Valenz besitzt, also eine bestimmte Anzahl von anderen Elementen oder Ergänzungen verlangt, um einen grammatisch richtigen Satz bilden zu können.

Die höher angesetzte Kategorie wird normalerweise als eine ,,regierende" betrachtet und R e g e n s (Pl. Regentien) genannt, während das tiefer angesetzte Element als ,,regiert" oder ,,abhängig" angesehen und als D e p e n - d e n s (Pl. Dependentien) bezeichnet wird. In unserem Satz ist *spricht* das Regens, *Karl* sein Dependens. Das Dependens ist also vom Regens abhängig oder von ihm regiert. Wir können auch sagen, daß die Konnexion in der Dependenzgrammatik eine Dependenz- oder Abhängigkeitsrelation zwischen Regens und Dependens darstellt.

Im Satz können auch mehrere Konnexionen verschiedenen Grades (Ranges) vorkommen, d.h. es kann im Satz eine Hierarchie von Konnexionen geben. Im

6 Engel (1977) 30.

Satz *Karl spricht sehr gutes Deutsch äußerst schnell* gibt es Konnexionen dreier
verschiedener Ränge. Sie können mit einem Baumgraph oder einem Dependenzstemma so beschrieben werden, daß man als Teile die Wörter selbst (reales
Stemma, frz. stemma réel) oder bestimmte Kategorialsymbole, zum Beispiel
nach den Endungen der Wortklassen im Esperanto (O = Substantiv, A = Adjektiv, I = Verb, E = Adverb) oder nach den Satzgliedern (virtuales Stemma),[7]
verwendet:

Reales Stemma

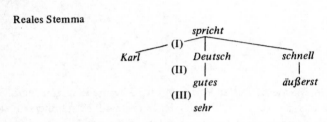

Virtuales Stemma

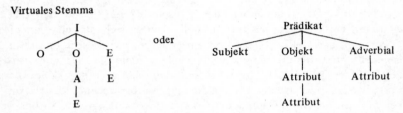

Die erste Konnexion (I) herrscht zwischen dem Verb *spricht* und den Wörtern
Karl, Deutsch und *schnell*. Die Konnexion 2. Grades (II) besteht zwischen dem
Substantiv *Deutsch* und dem Adjektiv *gutes* sowie zwischen den Wörtern
schnell und *äußerst*. Zum Schluß verbindet die Konnexion 3. Grades (III) das
Adverb *sehr* mit seinem Bezugswort *gutes*.

Der Hierarchie der Konnexionen im Satz entspricht die Hierarchie der
K n o t e n (frz. *nœud*). Der Knoten ist nach Tesnière ein z.B. vom Verb und
seinen Dependentien gebildetes Bündel:[8]

Oft wird mit „Knoten" jedoch das Regens des Bündels, in diesem Fall also das
Verb (*spricht*) bezeichnet. Unseren Beispielsatz bindet zu einer Einheit der
V e r b k n o t e n *spricht*, der seine Dependentien *Karl, Deutsch* und *schnell*

---

7 Tesnière (1965) 65.
8 Tesnière (1965) 14.

6

regiert. Der Verbknoten ist der Knotenpunkt des ganzen Satzes, sein Zentralknoten. Ein vom Zentralknoten abhängiges Dependens (z.B. *Deutsch*) kann
jedoch über seine eigenen „Untertanen" (*gutes*) herrschen, die ihrerseits eigene
Dependentien (*sehr*) haben können. So bilden sich im Satz außer dem Verbknoten auch Substantiv-, Adjektiv- und Adverbknoten. In unserem Satz ist z.B.
(*gutes*) *Deutsch* ein S u b s t a n t i v k n o t e n, (*sehr*) *gutes* ein A d -
j e k t i v k n o t e n und (*äußerst*) *schnell* ein A d v e r b k n o t e n (hier
wird *schnell* als Adverb betrachtet; vgl. Englisch: *rapidly*).

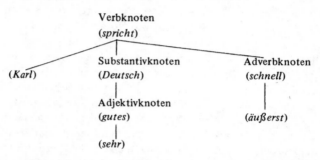

Der Verbknoten ist immer ein Regens, die Substantiv-, Adjektiv- und Adverbknoten können gleichzeitig Dependentien und Regentien sein.[9] So ist *Deutsch*
ein Dependens des Verbknotens *spricht*, zugleich bildet es aber einen Substan-
tivknoten und ist das Regens des Adjektivs *gutes*, das seinerseits das Dependens
des Substantivs *Deutsch* und das Regens des Adverbs *sehr* darstellt. Der Verbknoten besteht aus dem Prädikat, das immer ein Regens ist. Es gibt aber einen
verbalen Knoten, der auch ein Dependens sein kann. Und zwar gibt es einen
I n f i n i t i v k n o t e n, der als Dependens des Prädikats fungieren, aber
gleichzeitig ein Regens sein kann, z.B. im Satz *Er beschließt, das Buch zu lesen*
(im Satz *Er wird morgen kommen* ist der Infinitiv dagegen ein Teil des Prädikats, des Verbalknotens: *wird kommen*):[10]

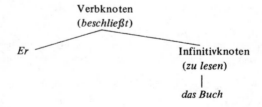

9 Tesnière (1965) 13.
10 Tarvainen (1979) 178, 190–191.

Nicht alle Dependentien sind von gleicher Bedeutung für den Satz. Am wichtigsten sind die Dependentien des Verbs (Prädikats), aber auch unter ihnen gibt es in bezug auf die Satzstruktur verschiedenrangige Elemente. Einige werden vom Verb verlangt, andere treten frei in der Umgebung des Verbs auf. In unserem Beispielsatz verlangt das Verb *sprechen*, um einen grammatisch und inhaltlich vollständigen Satz zu bilden, als seine Ergänzung zwei Dependentien: *wer* spricht (*Karl*) und *was* (er) spricht (*Deutsch*). Wir können sagen, daß d i e V a l e n z des Verbs hier 2 → Sn, Sa ist (*sprechen* $_2$ → Sn, Sa). Die Valenz 2 → Sn, Sa unseres Verbs besagt, daß das Verb *sprechen* zwei Leerstellen um sich herum eröffnet, die von Wörtern anderer Wortklassen (S = Substantiv) mit bestimmter Form (hier: Sn = Substantiv mit Nominativ; Sa = Substantiv im Akkusativ) besetzt werden können oder müssen. Solche valenzgebundenen Wörter, die A k t a n t e n (E r g ä n z u n g e n) genannt werden, sind im obigen Satz *Karl* und *Deutsch*. Diese zwei Aktanten unterscheiden sich voneinander darin, daß *Karl* o b l i g a t o r i s c h (= nicht weglaßbar), *Deutsch* f a k u l t a t i v (= unter bestimmten Bedingungen weglaßbar) ist. Ein obligatorischer Aktant kann also nicht weggelassen werden, denn ohne ihn wird der Satz ungrammatisch (**spricht Deutsch, *spricht*). Ein fakultativer Aktant kann dagegen weggelassen werden. Obgleich sich die vom Satz vermittelte Information verändert und verringert, bleibt der Satz jedoch ohne diesen Aktanten grammatisch richtig: *Karl spricht* ist ein grammatischer Satz, wenn er auch nicht valenzmäßig vollständig ist. Die Fakultativität eines Aktanten beruht meist darauf, daß es möglich ist, in einem Satz den Inhalt des Verbs (als verbalen Zustand) besonders zu akzentuieren, so daß valenzmäßig an sich erforderliche Aktanten (z.B. Objekte) in den Hintergrund treten, d.h. unausgedrückt bleiben können: *Karl spricht* ,is speaking'. Allerdings muß hinzugefügt werden, daß bei *sprechen* der zweite Aktant nur dann fakultativ ist, wenn das Verb in der konkreten Bedeutung ,sich mündlich (auf deutsch) äußern' erscheint. Hat das Verb die Bedeutung ,sprechen können', so ist das Objekt obligatorisch: *Karl spricht Deutsch* ,Karl kann Deutsch sprechen'. Es handelt sich hier um abgrenzbare Teilbedeutungen eines Verbs, an die die Valenz angebunden werden muß. Ein weiteres Beispiel stellt das Verb *leiten* dar:

Kupfer leitet (den Strom) – *den Strom* ist fakultativ
Der Dekan leitet die Versammlung – auch *die Versammlung* ist obligatorisch
Die Post leitet den Brief nach Jyväskylä – alle Aktanten sind obligatorisch

Auf diese systematische Mehrdeutigkeit von Verben, die oft das Auftreten oder Nicht-Auftreten eines Aktanten erklärt, hat vor allem Helmut Henne aufmerksam gemacht. Bei ihm kommt als Beispiel das Verb *lesen* vor.[10a]

10a Henne (1976), 10–13 (S. 128).

Ein fakultativer Aktant kann, wenn seine Stelle leerbleibt, auch aus dem Situationskontext verstanden werden. So kann ich in einer Schulklasse gut sagen *Ich verteile die Hefte*, obgleich der unter dem Gesichtspunkt der Valenz komplette Satz lauten müßte: *Ich verteile die Hefte an die Schüler.* Außer den Aktanten *Karl* und *Deutsch* enthält unser Beispielsatz noch die Bestimmung *schnell.* Sie ist keine vom Verb logisch-semantisch verlangte valenzmäßige Ergänzung, sondern eine sog. f r e i e A n g a b e (oder nur A n g a b e). Sie ist nicht an die Valenz des Verbs gebunden, sondern kommt frei in der Umgebung des Verbs vor. Sie ist eigentlich eine selbständige Prädikation, die sich auf den ganzen Satz bezieht und ausdrückt, wie „das Sprechen des Deutschen" geschieht: *Er spricht Deutsch. Es geschieht (ist) schnell.* Die freien Angaben hängen nicht von einer Subklasse von Verben (z.B. Verben mit Akkusativ), sondern von der Gesamtklasse der Verben ab. Sie sind nicht subklassenspezifisch wie die Ergänzungen (Aktanten), die auf bestimmte Verben begrenzt sind (z.B. Verben mit Akkusativ). Sie beeinflussen nicht die S u b k a t e g o r i s i e r u n g[11] der Verben wie die Aktanten (Verben mit Akkusativ; Verben mit Dativ usw.), sondern sie können als Zusatzbestimmungen bei Verben verschiedener Valenz auftreten, wie z.B. *heute* in folgenden Fällen:

Heute schläft er (schlafen $_1 \rightarrow$ Sn$^)$

Heute hat er mich gesehen (sehen $_{2} \rightarrow$ Sn, Sa$^)$

In unserem Satz gibt es noch drei Elemente, die behandelt werden müssen: *gutes, sehr* und *äußerst.* Sie hängen nicht vom Verb, sondern von einem Dependens des Verbs ab. Das Adjektiv *gutes* hängt von einem Substantiv (*gutes Deutsch*), das Adverb *sehr* von einem Adjektiv (*sehr gutes*) und das Adverb *äußerst* von einem Adverb (Adjektiv) (*äußerst schnell*) ab. Sie sind Dependentien niederen Ranges, deren Einfluß auf die Struktur des ganzen Satzes geringer ist. Sie sind freie Angaben bei ihrem nicht verbalen Bezugswort.
    Der Zentralknoten des Satzes oder das Verb hat also sowohl valenzbedingte als auch freie Bestimmungen, m.a.W. Ergänzungen (Aktanten) und Angaben. Die vom Substantiv-, Adjektiv- und Adverbknoten abhängigen Dependentien sind, wie in unserem Beispielsatz, meist freie Angaben, d.h. sie werden nicht vom Regens aufgrund seiner Bedeutung verlangt. Es gibt aber auch Adjektive und Substantive, die bedeutungsmäßige Ergänzungen brauchen: *schuldig des Diebstahls; Teilnahme am Wettbewerb.* In Fällen wie diesen können wir von der V a l e n z d e s A d j e k t i v s u n d d e s S u b s t a n t i v s sprechen. Die Aktanten des Adjektivs können obligatorisch oder fakultativ sein, während man bei den Substantiven normalerweise nur fakultative Aktanten annimmt:

---

11 Helbig/Schenkel (1973) 35f.

Er ist *seinem Vater* ähnlich (*seinem Vater* ist ein obligatorischer Aktant des
Adjektivs *ähnlich*)

Er ist (*des Diebstahls*) schuldig (*des Diebstahls* ist ein fakultativer Aktant von *schuldig*)

Seine Teilnahme (*am Wettbewerb*) war mir eine Überraschung (*am Wettbewerb* ist
eine fakultative Ergänzung des Substantivs *Teilnahme*)

Ob auch ein Adverb eine Valenz haben kann, ist eine noch nicht geklärte Frage.
Vielleicht könnte man bei solchen Adverbien wie *mitten.*von der Valenz des
Adverbs sprechen: wird doch *mitten* normalerweise mit einer Ergänzung verbunden: *mitten im Walde.*
  Interessant ist auch die Frage, ob der Präposition eine Valenz zukommen
kann. Engel sieht in einer Präpositionalphrase die Präposition als Regens an,
von dem das Substantiv mit seinen Dependentien abhängt.[12] So sieht das
Dependenzdiagramm der Präpositionalphrase *auf dem neuen Dache* nach Engel
folgendermaßen aus:

Nach dieser Auffassung würden die Präpositionen über eine Valenz verfügen.
Dafür spricht auch die Tatsache, daß die Präpositionen immer ergänzungsbe-
dürftig sind: *für* + Akk.; *vor* + Akk./Dat. Wir möchten jedoch bei Präpositionen
von einer anderen Art Valenz sprechen als z.B. bei den Verben und Adjektiven.
Die Präpositionen haben nämlich meist keine außersprachlichen Referenten, sie
sind grammatische Hilfswörter, denen in einigen Sprachen (wie im Finnischen)
Endungen entsprechen. Vielleicht könnte man bei den Präpositionen von einer
g r a m m a t i s c h e n   V a l e n z sprechen.
  Unter den Konnexionen können außer verschiedenen Rängen (1., 2. usw.
Grades) auch verschiedene Arten unterschieden werden.

1) Normalerweise handelt es sich um strukturelle (syntaktische) und ihnen
entsprechende semantische Konnexionen. Sie werden im Stemma mit durchge-
zogenen Kanten verdeutlicht:

2) Es gibt aber auch rein formale Ergänzungen, die sich auf keinen Referenten
in der Außenwelt beziehen und deren Beziehung zum Regens (Verb) rein

---

12 Engel (1977) 93.

10

strukturell ist. Solche rein syntaktische Beziehungen können f o r m a l e
K o n n e x i o n e n genannt werden. Eine formale Konnexion herrscht zum
Beispiel zwischen dem Verb und dem unpersönlichen Subjektpronomen (*es reg-
net*, schwedisch *det regnar*, engl. *it rains*, franz. *il pleut*) (durch ∿∿bezeichnet):

3) Es gibt auch rein semantische Konnexionen, denen keine strukturellen
Konnexionen entsprechen. So hat das Subjektsprädikativ eine strukturelle
Konnexion zum Verb, aber außerdem eine zusätzliche semantische Konnexion
zum Subjekt, worauf es sich bezieht. Solche zusätzliche Konnexionen können
wir l o g i s c h - s e m a n t i s c h e K o n n e x i o n e n[13] nennen (sie
werden durch gestrichelte Linien dargestellt):

Karl ist fleißig

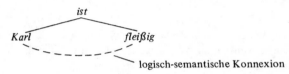

In zahlreichen Sprachen (jedoch nicht im Deutschen) wird diese logisch-
semantische Konnexion bei adjektivischem Prädikativ auch durch sprachliche
Elemente (Flexionsmorpheme) indiziert (Kongruenz): z.B.

frz. Le garçon est sage – Les garçons sont sage*s*
schwed. Pojken är snäll – Pojk*arna* är snäll*a*
jedoch dt. Der Junge ist artig – Die Jungen sind artig

Beim substantivischen Prädikativ weist auch das Deutsche Kongruenz auf:

Er ist *ein netter Mensch*
Sie sind *nette Menschen*

1.2. Dependenz und Konstituenz[14]

Die wichtigsten Darstellungsverfahren für morphosyntaktische Strukturen vom
Satzrang bis hinab zu den Morphemen sind Dependenz und Konstituenz. Die

---

13 Von Tesnière (1965) 85 „anaphorische Konnexionen" genannt.
14 Schumacher (1974 b) 1–1f.

Dependenzgrammatik geht von den Konstituenten des Satzes aus und beschreibt ihr Verhältnis zueinander. Die Konstituentenstrukturgrammatik beschreibt das Verhältnis einer Konstituente zu ihrer Oberkategorie. Die höchste Oberkategorie ist der „Satz".

Aus der Sicht der Dependenzgrammatik stellt der Satz eine hierarchische Struktur dar, die aus verschiedenen Stufen besteht. Dabei wird auf jeder Stufe ein Element als dominierend, als Regens betrachtet, von dem die übrigen als Dependentien abhängig sind. Die dependenzielle Struktur eines Satzes kann mit Hilfe eines Baumgraphen, eines Dependenzstemmas, dargestellt werden:

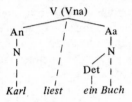

V = Verb(knoten)
Vna = Verb mit Nominativ und Akkusativ
An = Aktant im Nominativ
Aa = Aktant im Akkusativ
N = Substantiv
Det = Artikelwort

Die Kanten des Dependenzbaums (/) drücken Abhängigkeitsrelationen aus: An und Aa (= Dependentien) sind abhängig von Vna (= Regens) oder der Subklasse von Verben, die eine valenzmäßige Leerstelle für zwei Aktanten, ein nominativisches und ein akkusativisches Substantiv eröffnen. Auf einer unteren Stufe ist in unserem Satz bei Aa (*ein Buch*) das Substantiv (*Buch*) das dominierende Element und das Artikelwort (*ein*) sein Dependens.

Im Gegensatz hierzu betrachtet die Konstituentenstrukturgrammatik den gesamten Satz (also nicht lediglich eines seiner Glieder) als höchstes Element einer hierarchisch-syntaktischen Struktur. Der Satz wird in Konstituenten zerlegt, wonach diese Konstituenten weiter in Unterkonstituenten eingeteilt werden. Auf jeder Teilungsstufe sind die Einheiten jeweils unmittelbare Konstituenten der nächsthöheren Stufe. Dabei kann ein einzelnes Element (z.B. NP) mehrere Male repräsentiert sein. Oft wird die Konstituentenstruktur mittels eines Baumgraphen dargestellt, der dem Dependenzstemma ähnlich ist:

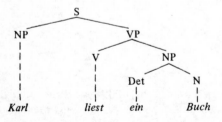

Die Kanten sind zu lesen:
S besteht aus NP und VP oder
expandiere S zu NP und VP.

Die beiden Stemmas sind jedoch nur auf den ersten Blick ähnlich. Der wichtigste Unterschied liegt darin, daß die Kanten des Baumgraphen in beiden

Darstellungen ganz verschiedene Relationen ausdrücken. Die Regeln des Baum-graphen der Konstituentenstrukturgrammatik beschreiben nämlich das Verhält-nis der Konstituenten oder Satzteile zu den Oberkategorien, von denen die höchste der Satz (S) ist. Die Dependenzgrammatik geht dagegen nicht von der Kategorie des Satzes, sondern von den Konstituenten selbst aus und beschreibt ihr Verhältnis zueinander, also das Verhältnis zwischen dem Regens und seinen Dependentien. Die Oberkategorien S, NP, VP usw. sind in der dependenziellen Schreibweise nur implizit vertreten und erscheinen nicht im Baumgraph.

Die Konstituentenstruktur wird oft auch durch ein Kastenschema oder durch Klammern dargestellt:

S			
NP	VP		
	V	NP	
		Det	N
Karl	liest	ein	Buch

[Karl] [⸤liest⸥ ⸤(ein) (Buch)⸥]

Das entscheidende Kennzeichen der Konstituenz ist also eine T e i l - G a n z e s - R e l a t i o n. Ein anderes Kennzeichen ist die L i n e a r i t ä t : der Satz wird als eine Wortkette dargestellt, wobei die Grammatik die sich durch Einteilung ergebenden Teile als gleichwertig ansieht. In der Dependenzgrammatik ist dagegen die herrschende Relation ein Abhängigkeitsverhältnis, wobei einige Elemente als Regentien, andere als ihre Dependentien auftreten.

Es gibt verschiedene Auffassungen darüber, ob Dependenz und Konstituenz als komplementäre oder alternative Prinzipien für die Darstellung des Basisteils einer Grammatik anzusehen sind. Baumgärtner und Heringer halten sie für komplementäre Darstellungsweisen, während sie nach Engel Alternativen sind, die sich gegenseitig ausschließen.[15] Es ist aber sicher, daß keines von diesen Prinzipien allein eine vollständige Strukturbeschreibung leisten kann. Hierzu ist mindestens − und zwar in beiden Fällen − noch ein Transformationsteil notwendig. Dieser kann weder als Spezifikum des einen noch des anderen Darstellungsprinzips gelten.

---

15 Baumgärtner (1970) 52f.; Heringer (1970) 42f.; Engel (1972a) 111f. und (1974) 58f.

Die Valenz kann auf verschiedenen Ebenen der Sprache betrachtet werden. Sie kann als eine formale (syntaktische) oder inhaltliche (logisch-semantische) Kategorie angesehen werden. Diese verschiedenen Ebenen der Valenz gehören eng zusammen, sie entsprechen einander aber nicht isomorphisch. So haben die deutschen Verben des Helfens *helfen* und *unterstützen* dieselbe logisch-semantische Valenz: beide verlangen zwei Aktanten, von denen der eine den Helfenden bezeichnet, der andere denjenigen, dem geholfen wird. Wollen wir Termini der Logik benutzen, so können wir sagen, daß das logische Prädikat des Helfens zwei Argumente x und y verlangt: *helfen* (x, y). Auf der syntaktischen Ebene entspricht hier dem logischen Prädikat das grammatische Prädikat (Verb), während die syntaktischen Entsprechungen der Argumente die Aktanten (Ergänzungen) sind (Subj., Obj.). In bezug auf diese syntaktische Valenz unterscheiden sich aber beide Verben voneinander: nur der eine Aktant ist seiner Form nach bei beiden gleich (x = Nominativ), der andere (y) ist bei *helfen* der Dativ, bei *unterstützen* der Akkusativ:

Der Mann hilft *mir* – Der Mann unterstützt *mich*

Sieht man einmal von möglichen Sätzen wie *Das Medikament hilft zuverlässig* ab, so sind bei den Verben *helfen* und *unterstützen* beide Aktanten obligatorisch. Es gibt aber auch Verben mit derselben logisch-semantischen Valenz, die nicht nur in der Art der Aktanten (z.B. Akkusativ – Präpositionalgruppe), sondern auch in dem obligatorischen und fakultativen Auftreten der Ergänzungen differieren:

Er erwartet *den Freund* (y = Akkusativ und obligatorisch)
Er wartet (*auf den Freund*) (y = Präpositionalgruppe und fakultativ)

Außer zwei verschiedenen Ebenen können bei der Valenz prinzipiell auch verschiedene Richtungen unterschieden werden.

1) Normalerweise wird unter der Valenz die Fähigkeit des übergeordneten Wortes (Regens) verstanden, Ergänzungen bestimmter Bedeutung und Form zu verlangen. So verstanden ist die Valenz eine vom Regens ausstrahlende unterordnende Kraft. Im Satz *der Junge ist seinem Vater ähnlich* ist die Valenz des Adjektivs *ähnlich*: 1 → Sd., d.h. das Adjektiv *ähnlich* verlangt eine Ergänzung, die ein Substantiv im Dativ ist. Nach Helbig ist *ähnlich* der Valenzträger,

seinem Vater der Valenzpartner. Diese Art der Valenz, die in dieser Arbeit als Valenz betrachtet wird, kann auch a k t i v e   V a l e n z   oder   z e n t r i - f u g a l e   V a l e n z   genannt werden.[16]

2) Es kann auch von einer   p a s s i v e n   V a l e n z   gesprochen werden. „Die passive (zentripetale) Valenz ist [...] die Fähigkeit eines untergeordneten Wortes, sich an ein übergeordnetes Wort anzuschließen, eine Leerstelle dieses übergeordneten Wortes zu besetzen".[17] Nach dieser Auffassung hat *seinem Vater* eine passive oder zentripetale Valenz, es besetzt eine Leerstelle von *ähnlich.*

3) In den Forschungen zur Adjektivvalenz[18] wird noch eine dritte Auffassung von der Richtung der Valenz erkennbar. In dem Syntagma *der seinem Vater ähnliche Junge* wird als Valenzpartner (Aktant) außer dem untergeordneten Element *seinem Vater* auch das übergeordnete Element *Junge* (Bezugswort) angesehen. Nach dieser Auffassung hätte die Valenz des Adjektivs *ähnlich* zwei Richtungen: von *ähnlich* aus und auf *ähnlich* zu:

der seinem Vater *ähnliche* Junge

2.1   Logisch-semantische Valenz

Auf der logisch-semantischen Ebene können z.b. die Valenzen der Prädikate (= P) *überzeugen* und *zeigen* folgendermaßen dargestellt werden (x, y und z beschreiben logische Argumente):

überzeugen → Px,y,z: Er hat mich davon überzeugt
                          x   y   z

zeigen → Px,y,z: Er zeigte mir den Weg
                      x   y   z

Nach Helbig[19] stellt diese Darstellung der logisch-semantischen Valenz eine „bereits syntaktisch gebrochene Valenzstruktur" dar. Die volle logisch-seman-tische Bedeutung sei dagegen mehrstufig aufgebaut:

---

16 Stepanowa/Helbig (1978) 144.
17 Stepanowa/Helbig (1978) 144.
18 Sommerfeldt/Schreiber (1974) und Helbig (1976) 133. Zur Richtung der Valenz vgl. auch Admoni (1970) 78f. und Abramow (1967a) 155f.
19 Stepanowa/Helbig (1978) 141.

15

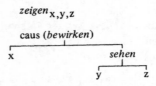

Die logisch-semantische Valenz ist innerhalb der Forschung zur Valenzgrammatik vor allem von Wilhelm Bondzio untersucht worden.[20] Nach ihm enthält die Bedeutung eines Wortes einen begrifflichen Kern, der die sprachliche Realität, beispielsweise gesetzmäßige Beziehungen zwischen den Erscheinungen in der Wirklichkeit, widerspiegelt. Unter der l o g i s c h - s e m a n t i s c h e n V a l e n z wird die Eigenschaft der Bedeutung verstanden, daß sie aufgrund ihres begrifflichen Inhalts Leerstellen in relationslogischem Sinn besitzt. Auf den Begriff *helfen* angewandt bedeutet dies, daß der entsprechende Sachverhalt in der Wirklichkeit eine Relation zwischen zwei Größen ist, d.h. es geht um die Verbindung der Person, die hilft, mit der Person, der geholfen wird. Das P r ä d i k a t *helfen* hat also zwei Leerstellen, die mit den entsprechenden A r g u m e n t e n besetzt werden müssen. Da die Existenz der logisch-semantischen Leerstellen von der Wortbedeutung abhängt, ist die sprachliche Form für die Valenz irrelevant. Die logisch-semantische Valenz ist also nicht an eine bestimmte Wortklasse gebunden. So haben das Verb *helfen* und das Substantiv *Hilfe* dieselbe logisch-semantische Valenz. In beiden Fällen handelt es sich darum, daß jemand jemandem anders hilft: *Der Sohn hilft seinem Vater* (*helfen* das Prädikat, *der Sohn* und *seinem Vater* seine Argumente); *die Hilfe des Sohnes für seinen Vater* (*Hilfe* das Prädikat, *des Sohnes* und *für seinen Vater* seine Argumente). Mit einem Baumgraph kann diese Relation folgendermaßen ausgedrückt werden:

Die Bedeutung des Wortes besteht aus einem Bündel semantischer Komponenten. Nach Bondzio können unter ihnen zwei Gruppen unterschieden werden: die in bezug auf die Valenz relevanten Komponenten heißen F u n k t o r e n , während die für sie irrelevanten M o d i f i k a t o r e n genannt werden. Die Funktoren sind solche allgemeinen Prädikate wie *existieren, bewirken, haben, sehen.* So kann die Bedeutung des obenbehandelten *zeigen* in zwei zweistellige Funktoren (*bewirken* und *sehen*) zerlegt werden: „x bewirkt: y sieht z" (*zeigen*$_{x,y,z}$). Beim Verb *geben* sind die Funktoren *bewirken* und *besitzen*

---

20 Bondzio (1971) 88f.

(*haben*): „x bewirkt: y hat z" (*geben*$_{x,y,z}$: *Er gibt mir das Buch*). Die Funktoren sind eben die Komponenten, die über die Valenz verfügen: sie sind die eigentlichen Valenzträger. Die Modifikatoren haben nur die Aufgabe, die Funktoren oder Valenzträger zu modifizieren. Das Verb *geben* hat keine Modifikatoren. Das Verb *leihen*, das dieselbe Funktorenstruktur wie *geben* hat, hat einen Modifikator (‚eine bestimmte Zeit'), und seine ganze Bedeutungsstruktur lautet: „x bewirkt: y hat z eine bestimmte Zeit". Der semantische Unterschied zwischen *geben* und *leihen* ist in bezug auf die Valenz irrelevant und geht auf den Modifikator von *leihen* zurück.

Die logisch-semantische Valenzstruktur eines Valenzträgers kann auch so ausgedrückt werden, daß die semantische Art der Argumente mit Hilfe der semantischen oder tiefenstrukturellen Kasus (Tiefenkasus) beschrieben wird:[21]

geben: A + D + O (Agentiv + Dativ + Objektiv)

Diese Tiefenkasus können tiefenstrukturelle oder logisch-semantische Satzglieder genannt werden, denen bestimmte syntaktische oder oberflächenstrukturelle Satzglieder entsprechen, z.B. A + D + O = Subjekt + Dativobjekt + Akkusativobjekt (*Er gibt mir das Buch*).

Allerdings herrscht in der Diskussion über „Tiefenkasus" weder Einigkeit über Anzahl und Klassifikation solcher Kasus noch über ihren theoretischen Status (Inwieweit sind es Universalien?), so daß die Anwendung des Konzepts für die praktische Beschreibung von Sätzen in vielen Fällen schwierig bleibt.

In Valenzwörterbüchern wird normalerweise nicht mit Tiefenkasus operiert, sondern die semantische Art der Aktanten wird mit semantischen Merkmalen wie + Hum (= menschliches Wesen) und − Anim (= unbelebtes Wesen) ausgedrückt. Wesentlich ist hier, daß es für die Konnexion von Valenzträger (z.B. dem Verb) und Aktanten semantische Restriktionen gibt. Wir können zum Beispiel nicht sagen: **Er gibt dem Tisch einen Apfel*. Die Bedeutungskomponenten des Verbs *geben* sind nicht kompatibel oder verträglich mit den Bedeutungselementen des Substantivs *Tisch*. Dem Substantiv *Tisch* fehlt nämlich die Bedeutungskomponente + Anim (= belebtes Wesen), die der Partner des Verbs *geben* normalerweise haben muß. Die K o m p a t i b i l i t ä t[22] (= Verträglichkeit) erstreckt sich auch auf die Beziehung zwischen dem Valenzträger und einer freien Angabe. So können wir z.B. nicht sagen *Karl stirbt manchmal*, weil das semantische Merkmal + Freq (= Wiederholung) des Adverbs *manchmal* mit den Bedeutungselementen des Verbs *sterben* inkompatibel (= unverträglich) ist. Die semantische Verträglichkeit der Aktanten und Angaben mit dem Regens wird von Helbig[23] s e m a n t i s c h e V a l e n z (im engeren Sinn) genannt.

21 Stepanowa/Helbig (1978) 141.
22 Zur „Inkompatibilität" s. Engel 1972 6, 43.
23 Helbig/Schenkel (1973) 40.

17

Die logisch-semantische Valenz ist eine außersprachliche begriffliche Kategorie. Dieselbe Funktorstruktur wie das deutsche Verb *geben* haben auch seine Entsprechungen in anderen Sprachen, z.B. engl. *give*, schwed. *giva*, franz. *donner*, finn. *antaa*.

2.2   Syntaktische Valenz

Unter der syntaktischen Valenz wird die Tatsache verstanden, daß der Valenzträger nach seiner Wortklasse (Wortart) und mit den betreffenden flexivischen u.ä. Mitteln die syntaktische Funktion (z.B. die Satzgliedfunktion) und morphologische Form seiner Aktanten (Ergänzungen) determiniert. So verlangt das deutsche Verb *danken* als seine valenzgebundenen Ergänzungen ein Subjekt im Nominativ und ein Objekt im Dativ und ein Präpositionalobjekt mit *für*: *Der Junge dankt dem Vater für das Geschenk.* Das englische Verb dagegen verlangt außer dem Subjekt einen Akkusativ (bei den Substantiven der Grundform gleich) und eine *for*-Konstruktion: *The boy thanked his father (him) for the gift.* Die syntaktische Valenz ist nämlich − im Unterschied zur „universalen", d.h. über-einzelsprachlichen logisch-semantischen Valenz − eine einzelsprachliche Kategorie, die einzelsprachlich variiert. Außerdem ist die syntaktische Valenz in ein und derselben Sprache verschieden in verschiedenen Wortarten, wieder im Unterschied zu der logisch-semantischen Valenz. So verlangt das Substantiv *der Dank* nicht, wie das Verb, einen Dativ, sondern eine Präpositionalergänzung (die *für*-Konstruktion bleibt unverändert): *Der Dank des Jungen an den Vater für das Geschenk.*

Für die syntaktischen Valenzverhältnisse des Satzes ist kennzeichnend, daß der Verbknoten als dessen strukturelles Zentrum (Regens) angesehen wird. Von ihm hängen seine Dependentien (unter ihnen auch eventuelle andere Valenzträger) ab. Das beruht darauf, daß die Valenz beim Verb am ausgeprägtesten ist und das Verb insgesamt über mehr syntaktische Ergänzungen verfügt als z.B. das Adjektiv. Es verlangt, obligatorisch oder fakultativ, bestimmte Ergänzungen, mit denen es zusammen das Satzgerüst gründet. Zu seinen strukturellen Charakteristika gehören Konjugation sowie Modus, Tempus und Genus verbi (Aktiv und Passiv), die es von allen anderen Satzgliedern unterscheiden.

Die Auffassung vom Verb als strukturellem Zentrum des Satzes ist jedoch keine Selbstverständlichkeit. Sie weicht sowohl von der traditionellen und generativ-transformationellen Satzanalyse wie auch von einer Satzgliederung entsprechend der kommunikativen Information der Satzelemente ab. Die traditionelle Gliederung des Satzes geht von der Subjekt-Prädikat-Beziehung als der Grundrelation des Satzes aus, so daß Subjekt und Prädikat als Hauptsatzglieder angesehen werden, die den Satzkern bilden. Nach der üblichen traditionellen Auffassung sind Prädikat und Subjekt weder neben- noch untergeordnet, sondern einander zugeordnet, d.h. sie bedingen sich gegenseitig: *Der Vater liest.* Die Subjekt-Prädikat-Beziehung reicht jedoch nicht immer aus, um das strukturelle Minimum des Satzes zu bilden. Das strukturelle Minimum des Satzes *Er unterstützt mich jetzt* ist nicht *Er unterstützt* (Subj. – Präd.) sondern *Er unterstützt mich* (Subj.-Präd.-Obj.) (*jetzt* ist nicht strukturell notwendig). Erst die Auffassung vom Verb als Satzmitte, die valenzmäßig eine bestimmte Zahl bestimmtartiger Ergänzungen (zu denen auch das Subjekt gehört) verlangt, kann dazu führen, das strukturelle Minimum des Satzes zu ermitteln. Es braucht nicht die Subjekt-Prädikat-Beziehung zu sein. Es braucht auch nicht unbedingt das kommunikativ wichtigste Glied des Satzes zu enthalten. So ist beim Satz *Der Junge sah seinen Freund gestern* der Subjekt-Prädikat-Teil *Der Junge sah* und das valenzmäßige Strukturminimum *der Junge sah seinen Freund*, während das kommunikativ wichtigste Glied auch die syntaktisch freie Angabe, das Adverb *gestern*, sein kann.[24]

---

24 Helbig/Schenkel (1973) 24f.

3 Valenz des Verbs

3.1 Begriff der Verbvalenz

Die Valenz ist die Fähigkeit des Verbs, eine bestimmte Anzahl von Ergänzungen bestimmter Art zu verlangen, damit ein grammatisch vollständiger Satz entsteht. So verlangt das Verb *unterstützen* ein nominativisches und ein akkusativisches Substantiv oder Pronomen. Diese sind Satzglieder, die von einer bestimmten Subklasse der Verbklasse abhängen können, und zwar von Verben mit einem Nominativ und Akkusativ: *unterstützen* Nom.+Akk.. Das bedeutet, daß die valenzbedingten Ergänzungen des Verbs subklassenspezifische Bestimmungen des Verbs sind, d.h. sie sind für eine bestimmte Klasse von Verben charakteristisch.

3.1.1 Aktanten und ihre Beschreibung

Die valenzbedingten Bestimmungen des Verbs (und auch des Adjektivs und Substantivs) werden außer E r g ä n z u n g e n oft auch A k t a n t e n (franz. *actant*) genannt. Das Wort „actant" wurde von Tesnière mit bewußtem Bezug auf das frz. Substantiv *acteur* ‚Schauspieler' geprägt. Der Satz kann nämlich nach Tesnière mit einem kleinen Schauspiel verglichen werden, wobei das Verb dem Prozeß des Schauspiels entspricht, während die Aktanten (verdeutscht: *Mitspieler*) die Entsprechungen der Schauspieler sind. Die Anzahl und die Art der Aktanten werden vom Verb determiniert. Außer den Aktanten (Ergänzungen, Mitspielern) kann es in einem Satz auch f r e i e A n g a b e n (bei Tesnière *circonstant* < *circonstance* ‚Umstand') geben. Die Verbindung der freien Angaben mit dem Verb ist so schwach, daß sie in Grenzen der semantischen Restriktionen nahezu beliebig in jedem Satz hinzugefügt und weggelassen werden können und deshalb auch zahlenmäßig vom Verb nicht begrenzt sind.[25] Unter den Aktanten können o b l i g a t o r i s c h e und f a k u l t a t i v e A k t a n t e n unterschieden werden. Jene sind normalerweise für einen Satz außerhalb eines Dialogs (dazu s. unten S. 33) unbedingt notwendig — ohne sie ist der Satz ungrammatisch. Diese können auch weggelassen werden, ohne daß der Satz ungrammatisch würde. Im Satz *der Lehrer verteilt jetzt die Bücher an die Kinder* sind Aktanten *der Lehrer, die Bücher* und *an die Kinder*, während

---

25 Tesnière (1965) 102; Helbig/Schenkel (1973) 33f.

jetzt eine freie Angabe ist. Die Substantive *der Lehrer* und *die Bücher* sind obligatorische Aktanten, *an die Kinder* dagegen stellt eine fakultative Ergänzung dar (vgl. **verteilt die Bücher an die Kinder, *Der Lehrer verteilt an die Kinder*, aber *Der Lehrer verteilt die Bücher*). Die Gesamtvalenz des Verbs *verteilen* ist 3, die obligatorische Valenz 2 und die fakultative 1, d.h. das Verb verlangt obligatorisch zwei Aktanten und bekommt außerdem noch einen fakultativen Mitspieler, der auch zu seiner subklassenspezifischen Distribution („Stellenplan") gehört. Die Valenz kann also mit Hilfe von Zahlen ausgedrückt werden, wobei die obligatorische Valenz ohne Klammern, die fakultative in runden Klammern und die Gesamtvalenz als ihre Summe auftritt: *verteilen* $_{(2+(1)=3}$.[26] Die freie Angabe *jetzt* gehört nicht zur valenzbedingten, subklassenspezifischen Distribution von *verteilen*, sondern kann auch bei einem Verb mit einer anderen Valenz vorkommen, z.B. *Sie schläft [jetzt] : schlafen*$_1$, (in Beispielsätzen steht eine freie Angabe in eckigen Klammern). In einem Satz kann es auch mehrere freie Angaben von verschiedener Bedeutung geben: *Er wartet (auf mich) [jetzt] [auf der Straße]* (*jetzt* ist eine freie Zeitangabe, *auf der Straße* eine freie Ortsangabe).

Die Bezeichnung *verteilen* $_{2+(1)=3}$ bringt nur die quantitative Valenz zum Ausdruck, d.h. wieviele Aktanten das Verb hat und wieviele von diesen obligatorisch, wieviele fakultativ sind. Zu unserer Definition der Verbvalenz gehört jedoch auch eine qualitative Seite, d.h. die Aktanten haben eine bestimmte Form und eine bestimmte Bedeutung. Wir können die Valenz auch anstatt der Zahlen mit grammatischen Abkürzungen ausdrücken, welche in erster Linie die grammatische Art und erst in zweiter Linie, implizit, die Anzahl der Aktanten ausdrücken: *verteilen* $_{Sn, Sa, (pS)}$ (Sn, Sa, pS = Substantiv im Nominativ, Akkusativ, mit der Präposition). Wir können auch die quantitative und die qualitative Bezeichnungsweise miteinander kombinieren und die syntaktische Valenz von *verteilen* z.B. auf folgende Weise bezeichnen: *verteilen* $_{2+(1)=3}$ → Sn, Sa, (pS) (zu pS ‚Präpositionalobjekt‘ vgl. S. 47 und 51). Oft hat das Verb jedoch so verschiedenartige Aktanten, daß seine Valenzverhältnisse besser als mit einer einfachen Formel mit einem mehrstufigen Wortartikel beschrieben werden können, der auch die semantische Art der Aktanten ausdrücken kann. Die erste Stufe würde dabei die Anzahl der Aktanten und ihre grammatische Art oder die syntaktische Valenz zum Ausdruck bringen (wie bei *verteilen* oben). Die zweite Stufe würde mit Hilfe von Beispielsätzen die verschiedenen Kombinationsmöglichkeiten der Aktanten angeben:

Sn, Sa: *Der Lehrer verteilt die Bücher*
Sn, Sa, (pS): *Der Lehrer verteilt die Bücher an/auf/unter die Schüler*

---

26 Die Einteilung der Aktanten in obligatorische und fakultative geht auf Helbig zurück; Helbig (1965) 21; Helbig/Schenkel (1969) 38 und (1973) 31. Vgl. auch Tarvainen (1973) 11. Auch andere Forscher haben später diese Einteilung angenommen.

Auf der dritten Stufe könnte die semantische Art der Aktanten angegeben werden:

Sn – 1. Hum (*Der Lehrer* verteilt die Bücher)
    2. Hum Inst (*Die Gemeinden* verteilen die Lohnsteuerkarten)
Sa – 1. ± Anim (Der Lehrer verteilt *die Schüler*)
        (Der Tierpfleger verteilt die *Pferde*)
        (Die Mutter verteilt *das Obst*)
pS (*an/auf* + Akk.)
    1. ± Anim (Sie verteilten das Essen *an/auf die Kinder*
        (Sie verteilten die Futterrationen *an/auf die Tiere*)
        (Sie verteilten die Fahnen *auf die Häuser*)
    (*unter* + Akk./Dat.)
    1. + Anim (Sie verteilten das Essen *unter die Kinder/den Kindern*)
    2. Hum Inst (Sie verteilten die Aufgaben *unter die Betriebe/den Betrieben*)

Es ist bemerkenswert, daß bei dem Präpositionalobjekt mit *unter* die semantische Qualität – Anim (z.B. *die Häuser*), wie bei *an* und *auf* – nicht möglich ist.

Als weitere Beispiele können wir die Valenzartikel der Verben des Antwortens geben: *antworten, beantworten, erwidern* und *entgegnen*.

ANTWORTEN

  I. *antworten* $_{1 + (1,2,3)} = 4$ – Sn, (Sd), (NS$_{daß}$/Pron$_{Indef}$), (pS$_{auf}$)

  II. Sn   – Der Lehrer antwortet
       Sn, (Sd)   – Der Lehrer antwortet mir
       Sn, (NS$_{daß}$)   – Der Lehrer antwortet, daß er komme
       Sn, (Pron$_{Indef}$)   – Der Lehrer antwortet nichts
       Sn, (pS$_{auf}$)   – Der Lehrer antwortet auf meine Frage
       Sn, (Sd), (pS$_{auf}$)   – Der Lehrer antwortet mir auf meine Frage
       Sn, (Sd), (NS$_{daß}$)   – Der Lehrer antwortet mir, daß er komme
       Sn, (Sd), (Pron$_{Indef}$) – Der Lehrer antwortet mir nichts
       Sn, (pS$_{auf}$), (NS$_{daß}$) – Der Lehrer antwortet auf meine Frage, daß er
                        komme
       Sn, (pS$_{auf}$), (Pron$_{Indef}$) – Der Lehrer antwortet auf meine Frage nichts
       Sn, (Sd), (pS$_{auf}$), (NS$_{daß}$) – Der Lehrer antwortet mir auf meine Frage, daß er
                        komme
       Sn, (Sd), (pS$_{auf}$), (Pron$_{Indef}$) – Der Lehrer antwortet mir nichts auf meine Frage

  III. Sn, Sd – 1. Hum   – *Der Lehrer* antwortet den *Schülern*
             2. Hum Inst   – *Das Ministerium* antwortet *der Regierung*
       pS$_{auf}$ – 1. Abstr   – Der Lehrer antwortet *auf die Frage*
             2. – Anim   – Der Lehrer antwortet *auf den Brief*

22

ERWIDERN/ENTGEGNEN

I. $\begin{array}{l}\textit{erwidern} \\ \textit{entgegnen}\end{array}_{2+(1,2)=4}$ — Sn, NS$_{daß}$/Pron$_{Indef}$, (Sd), (pS$_{auf}$)

II. Sn, NS$_{daß}$ — Der Lehrer erwidert, daß er komme

     Sn, Pron$_{Indef}$ — Der Lehrer erwidert nichts

     Sn, NS$_{daß}$, (Sd)   — Der Lehrer erwidert mir, daß er komme

     Sn, Pron$_{Indef}$, (Sd)   — Der Lehrer erwidert mir nichts

     Sn, NS$_{daß}$, (pS$_{auf}$)   — Der Lehrer erwidert auf meine Frage, daß er komme

     Sn, Pron$_{Indef}$, (pS$_{auf}$)   — Der Lehrer erwidert auf meine Frage nichts

     Sn, NS$_{daß}$, (Sd), (pS$_{auf}$)   — Der Lehrer erwidert mir auf meine Frage, daß er komme

     Sn, Pron$_{Indef}$, (Sd), (pS$_{auf}$)   — Der Lehrer erwidert mir nichts auf meine Frage

III. Sn   Hum   — *Der Lehrer* erwidert, daß er komme

      Sd — 1. Hum   — Er erwidert *dem Lehrer*, daß er komme

         — 2. Hum Inst   — Er erwidert *dem Gericht*, daß er unschuldig sei

      pS$_{auf}$ Abstr   — Er erwidert *auf die Frage*, daß er komme

BEANTWORTEN

I. *beantworten*$_{2+(1)=3}$ — Sn, Sa, (Sd)

II. Sn, Sa   — Der Lehrer beantwortet die Frage

     Sn, Sa, (Sd)   — Der Lehrer beantwortet mir die Frage

III. Sn, Sd — 1. Hum   — *Der Lehrer* beantwortet *dem Schüler* die Frage

         — 2. Hum Inst   — *Die Regierung* beantwortet *dem Ministerium* die Frage

     Sa   — 1. Abstr   — Der Lehrer beantwortet *die Frage*

        — 2. — Anim   — Der Lehrer beantwortet *den Brief*

Wenn wir die Wortartikel dieser drei (bzw. vier) Verben, die jeweils die gleiche logisch-semantische Valenz aufweisen, miteinander vergleichen, so sehen wir, daß ihre syntaktischen Valenzen viele Unterschiede aufweisen, und zwar in bezug auf die Anzahl der Aktanten (die Gesamtzahl wie auch die Anzahl der obligatorischen und der fakultativen Aktanten) und auf deren grammatische Form. Daß die obligatorische Valenz der Verben *beantworten* und *erwidern* (*entgegnen*) 2 ist, dürfte daran liegen, daß sie Vorsilben haben, die ein Verb obligatorisch transitiv machen.[27]

Die Verben *antworten, erwidern, entgegnen* und *beantworten* weisen keine erkennbaren Unterschiede in bezug auf die semantische Qualität ihrer Aktanten

---

27 Helbig/Schenkel (1973) 106–108, Fabricius-Hansen (1979).

auf. Bei anderen Verben ist dies jedoch der Fall. So muß bei normaler Sprechweise im Dt. und im Dän. bei den Verben *essen* bzw. *spise* der Aktant Sn das Merkmal [Hum] aufweisen, bei *fressen* bzw. *æde* ist für Sn jedoch [– Hum] erforderlich. (Anderen Sprachen wiederum ist eine derartige Spezifizierung fremd: frz. *manger*, e. *eat*, schwed. *äta*, finn. *syödä*, sagt man von Tieren wie von Menschen.) Ein anderes Beispiel: Im Schwed. und Dän. ist je nach semantischer Qualität der Angabe pS bei der Entsprechung des dt. Verbums *schneiden* ein unterschiedliches Verb zu wählen:

schwed.	Man *klipper* med en *sax*
dän.	Man *klipper* med en *saks*
schwed.	Man *skär* med en *kniv*
dän.	Man *skærer* med en *kniv*

Andere Sprachen treffen diese Unterscheidung dagegen nicht:

dt.	Man *schneidet* mit einer *Schere*/einem *Messer*
frz.	On *coupe* avec des *ciseaux*/un *couteau*
finn.	*Leikataan saksilla*/*veitsellä*

3.1.2   Unterscheidungskriterien der Aktanten

Das theoretisch schwierigste Problem in der Valenztheorie stellt die Frage dar, wie die Ergänzungen (Aktanten) von den freien Angaben unterschieden werden können. Zuverlässige oberflächenstrukturelle Methoden zu finden ist schwer. Am leichtesten ist es, die obligatorischen Ergänzungen zu ermitteln, am schwierigsten ist es, die freien Angaben von den fakultativen Aktanten eindeutig zu unterscheiden. Problematisch ist dies auch in der Praxis bei bestimmten Adverbialbestimmungen, vor allem bei Artbestimmungen. So ist das Adjektiv *geschickt* im Satz *Wir fangen die Sache geschickt an* nach dem Mannheimer Valenzlexikon (Engel/Schumacher 1978) ein fakultativer Aktant, während das Valenzwörterbuch von Helbig/Schenkel bei *anfangen* keine Artergänzungen kennt.[28] Bei den Objekten gibt es in der Praxis weniger Probleme, weil Objekte stets Ergänzungen sind (bei der Unterscheidung von Präpositionalobjekten und Adverbialen kann es allerdings bisweilen Schwierigkeiten geben). Auch die Prädikativergänzung ist von der Prädikativangabe (vgl. S. 61) leicht zu unterscheiden.

Die obligatorischen Satzglieder können nach Helbig durch die sog. W e g - l a ß p r o b e (Eliminierungstest) ermittelt werden.[29] Bei dieser Probe wird ein Satzglied eliminiert, wonach beobachtet wird, ob der verbleibende

---

28 Piitulainen (1980) 167, 175.
29 Helbig/Schenkel (1973) 23.

Satzrest noch grammatisch oder bereits ungrammatisch ist. Wenn er noch grammatisch ist, ist das eliminierte Satzglied syntaktisch nicht obligatorisch. Ist der Satz dagegen ungrammatisch geworden, ist das betreffende Satzglied für die Grammatizität des Satzes obligatorisch. Die Weglaßprobe kann zunächst auf Sätze angewandt werden, die nur obligatorische Glieder und freie Angaben enthalten:

```
Er wohnt jetzt in Bonn   —   *Er wohnt
                             *Er wohnt jetzt
                             *wohnt jetzt
                             Er wohnt in Bonn
```

Bei diesem Satz können die Satzglieder *er* und *in Bonn* nicht eliminiert werden, denn dann würde der Satz ungrammatisch. Diese Aktanten sind obligatorisch. Das Adverb *jetzt* dagegen kann weggelassen werden: es ist eine freie Angabe, die für die Grammatikalität des Satzes unwesentlich ist. Durch die Weglaßprobe kann man also eine freie Angabe von einem obligatorischen Aktanten unterscheiden (ihr Status als freie Angabe muß anders ermittelt werden). Man muß sich aber darüber im klaren sein, daß man auch bei der Beurteilung der „Obligatorik" eines Satzgliedes letzten Endes auf seine sprachliche Intuition, d.h. auf sein eigenes Urteil darüber, was in der eigenen Sprache üblich und möglich sei, angewiesen ist. Das subjektive Moment, welches diesem Verfahren innewohnt, ist selbstverständlich durch Herbeiziehung ergänzender Methoden, vor allem durch Informantenbefragung und durch Untersuchung von Textkorpora, reduzierbar.

Den Eliminierungstest kann man auch auf Sätze anwenden, in denen es nur Aktanten gibt:

```
Er wartet auf mich   —   Er wartet
                         *wartet auf mich
                         *wartet
```

In diesem Satz ist *er* ein obligatorischer Aktant, weil wir es nicht weglassen können, ohne den Satz ungrammatisch zu machen. Das Objekt *auf mich* kann dagegen eliminiert werden, ohne daß der Satz ungrammatisch wird. Durch die Weglaßprobe können wir also außer die freien Angaben von den obligatorischen Aktanten auch die fakultativen Aktanten von den obligatorischen unterscheiden. Durch ihre Anwendung ist es aber nicht möglich, die freien Angaben von den fakultativen Aktanten zu unterscheiden und so die obligatorischen und die fakultativen Aktanten als eine syntaktische Einheit zu begründen, und zwar als valenzgebundene Verbergänzungen.[30] Nach der Anwendung der

---

30 Tarvainen (1973) 10.

Eliminierungstransformation gibt es zwei Gruppen von Bestimmungen des Verbs: obligatorische Aktanten einerseits, fakultative Aktanten und freie Angaben andererseits. Es bleibt das Problem, wie die Grenze zwischen a l l e n Aktanten (den obligatorischen und fakultativen) und den freien Angaben zu ziehen sei. Vor allem die folgenden Unterscheidungskriterien sind hierzu vorgeschlagen worden:

1. Helbig[31] hält obligatorische und fakultative Aktanten für e n g e   V e r b - e r g ä n z u n g e n, die in der Tiefenstruktur nicht voneinander unterschieden werden können. In der Oberflächenstruktur könne man die Gruppen dagegen unterscheiden und ihre Grenzen mit dem Eliminierungstest ziehen. Einen Gegensatz zu den engen Verbergänzungen bilden die freien Angaben, die sich von den engen Verbergänzungen darin unterscheiden, daß sie − obgleich sie in der Umgebung des Verbs vorkommen und als seine Dependentien gelten − eigentlich unmittelbare Konstituenten des ganzen Satzes darstellen und nicht die Subkategorisierung der Verben beeinflussen wie die engen Verbergänzungen. Die freien Angaben unterschieden sich hiernach also von den engen oder valenzgebundenen Verbergänzungen schon in der Tiefenstruktur. Deswegen sollten sie als eigene Gruppe mit tiefenstrukturellen Mitteln definiert werden. Eine solche Möglichkeit besteht nach Helbig darin, daß die freien Angaben auf ganze Sätze zurückgeführt werden können, als deren Reduktionen sie dann gelten. Einen Satz, der eine freie Angabe enthält, könne man logisch in zwei Prädikationen einteilen:

Die Kinder spielen hinter dem Hause ←
Die Kinder spielen. *Das Spielen ist (geschieht) hinter dem Hause*

Ein solches Zurückführen des Satzes auf zwei Prädikationen sei nicht möglich bei einem Satz, der nur aus obligatorischen Aktanten bestehe. So könne der dem obigen Satz formal ähnliche Satz *Der Obstgarten liegt hinter dem Hause* nicht in zwei Prädikationen zerlegt werden:

* Der Obstgarten liegt. Das Liegen ist (geschieht) hinter dem Hause.

In diesem Falle handelt es sich um die Relationsformel $R(x,y)$, in der die Relation R (*liegt*) zwischen den Größen *Obstgarten* (x) und *Haus* (y) besteht. Ein Satz, der einen fakultativen Aktanten enthält, kann dagegen oft in zwei Sätze zergliedert werden:

Er wartete *auf seinen Freund* ←
Er wartete. Das Warten betraf *seinen Freund*

---

31 Helbig/Schenkel (1973) 34f.

Absolut sicher kann man also auch durch diese Methode die (fakultativen) Aktanten von den freien Angaben nicht unterscheiden. Bei den fakultativen Ergänzungen handelt es sich logisch um eine ähnliche Relation wie bei den obligatorischen Aktanten: R (x, y) = *warten* (*er, sein Freund*). – Wenn wirklich nur die freien Angaben auf Sätze zurückgeführt werden könnten (Paraphrasetest), wären die fakultativen Ergänzungen folgendermaßen „ex negativo" zu bestimmen: sie wären Ergänzungen, die übrig bleiben, nachdem der Eliminierungstest die obligatorischen Ergänzungen und der Paraphrasetest die freien Angaben ausgesondert haben.

Nach Helbig ist es von sekundärer Bedeutung, auf welche Art von Sätzen die freien Angaben zurückgeführt werden können. Bei ihm selbst kommen außer den obigen Fällen, in denen der Satz in zwei hauptsatzförmige Prädikationen zerlegt wird, Beispiele für freie Orts- und Zeitangaben vor, deren Entsprechungen temporale Nebensätze sind:

> Er aß sein Brot *in der Schule* ←
> Er aß sein Brot, *als er in der Schule war*
> Er besuchte uns *am Nachmittag* ←
> Er besuchte uns, *als es Nachmittag war*

Als Gegensatz wird die Tatsache erwähnt, daß eine obligatorische Ortsergänzung nicht auf einen temporalen Nebensatz zurückführbar ist:

> Mein Freund wohnte in Dresden ←
> * Mein Freund wohnte, als er in Dresden war

Auch der oben erwähnte Satz *Er wartete auf seinen Freund* sei nicht auf einen temporalen Nebensatz zurückzuführen, weil das entsprechende Satzgefüge in seinem Inhalt von dem Ausgangssatz abweiche: *Er wartete, als sein Freund da war.* Jetzt sieht es also so aus, als ob der fakultative Aktant *auf den Freund* durch eine solche Nebensatztransformation von der freien Angabe *in der Schule* (*Er aß in der Schule*) unterscheidbar wäre. Nun muß man sich aber vergegenwärtigen, daß der betreffende Satz mit einem fakultativen Aktanten auf zwei hauptsatzförmige Prädikationen zurückzuführen ist, was auch oben als Charakteristikum einer freien Angabe (und nicht eines Aktanten) bezeichnet wurde:

> Er wartete auf seinen Freund ←
> Er wartete. Das Warten betraf seinen Freund

Am wichtigsten scheint es, die Art der einer freien Angabe entsprechenden Sätze zu untersuchen. Dadurch könnte man vielleicht die den Angaben entsprechenden Sätze von den Sätzen unterscheiden, auf welche auch fakultative

Aktanten zurückgeführt werden können. Erst wenn das gelingt, kann dieses vielversprechende Verfahren als endgültige Lösung des Problems der Grenzziehung zwischen den Aktanten und den freien Angaben angesprochen werden. Es ist auch fraglich, ob das Verfahren tiefenstrukturell ist, wie Helbig dies behauptet. Es ist schwer zu wissen, was für Sätze in der Tiefenstruktur „wohlgeformt" sind. Wenn die freien Angaben auf ganze Prädikationen zurückgeführt werden, sind die Prädikationssätze jedenfalls oberflächenstrukturelle Sätze. Ihnen liegt jedoch natürlich die Tiefenstruktur zugrunde.[32]

Wenn auch Helbigs Methode noch nicht als die endgültige Lösung des Problems der Grenzziehung zwischen Aktanten und Angaben angesehen werden kann, so ist dennoch festzuhalten, daß fast alle Angabengruppen (wenn auch nicht alle ihre einzelnen Angaben) auf ganze Sätze zurückführbar sind. In den meisten Fällen sind diese Sätze hauptsatzförmige Prädikationen, als deren Subjekt ein auf den ganzen Inhalt des ersten Prädikationssatzes hinweisendes Pronomen (dt. *es*, engl. *it*, finn. *se*) und als Prädikat das Verb *geschehen* (*happen* usw.) fungiert.

a) Am leichtesten sind die freien Orts- und Zeitangaben zu ermitteln:

Ich sah ihn *hier/gestern* ←
Ich sah ihn. *Es geschah hier/gestern*

I saw him *here/yesterday* ←
I saw him. *It happened here/yesterday*

Näin hänet *täällä/eilen* ←
Näin hänet. *Se tapahtui täällä/eilen*

Wenn die freie Angabe eine Zeitangabe ist, kann als Prädikat des zweiten Prädikationssatzes in einigen Fällen auch das Verb *dauern* (engl. *take*, finn. *kestää*) fungieren, das von ebenso allgemeinem Charakter wie das Verb *geschehen* ist:

Die Kinder spielten *den ganzen Tag* ←
Die Kinder spielten. *Es dauerte den ganzen Tag*

The children were playing *the whole day* ←
The children were playing. *It took the whole day*

Lapset leikkivät *koko päivän* ←
Lapset leikkivät. *Sitä kesti koko päivän*

b) Auch eine Begründungsangabe kann oft auf einen ganzen Satz zurückgeführt werden:

---

32 Helbigs „Tiefenstruktur" ist viel kritisiert worden: Ballweg/Hacker/Schumacher (1972) 105, Emons (1974) 72, Korhonen (1977) 132f. Andere Versuche zur Unterscheidung der freien Angaben von den Aktanten haben gemacht z.B. Brinker (1972) 186f.; Andresen (1973) 49; Heringer (1970) 77; Ballweg/Hacker/Schumacher (1972) 107f.; ·
Öhlschläger (1970) 13.

Der Mann ermordete seine Frau *aus Eifersucht* ←
Der Mann ermordete seine Frau. *Es geschah aus Eifersucht*

The man murdered his wife *for (out of) jealousy* ←
The man murdered his wife. *It happened for (out of) jealousy*

Mies surmasi vaimonsa *mustasukkaisuudesta* ←
Mies surmasi vaimonsa. *Se tapahtui mustasukkaisuudesta*

c) Eine Artangabe ist normalerweise auf einen Satz zurückzuführen, der ein entsprechendes adjektivisches Prädikativ enthält:

Die Kinder spielten *freudig* ←
Die Kinder spielten. *Es (das Spielen) war freudig*

Lapset leikkivät *iloisesti* ←
Lapset leikkivät. *Se oli iloista*

d) Auf einen Satz mit einem Prädikativ kann auch die sog. Prädikativangabe zurückgeführt werden:

Als reicher Mann kam er zurück ←
Er kam zurück. *Er war ein reicher Mann*

He came back *as a rich man* ←
He came back. *He was a rich man*

Rikkaana miehenä hän tuli takaisin ←
Hän tuli takaisin. *Hän oli rikas mies*

e) Auch der sog. freie Dativ des Deutschen ist oft auf einen ganzen Satz zurückführbar:

Er wäscht *seinem Vater* das Auto ←
Er wäscht das Auto. *Es geschieht für seinen Vater*

2. Mit der obigen Prädikationsprobe nahe verwandt ist die sog. *und zwar*-Probe im Deutschen, die von Brinker eingeführt worden ist.[33]
Sie besagt, daß freie Angaben durch *und zwar* an den Restsatz angeschlossen werden können, während dies bei Ergänzungen in der Regel nicht möglich ist:

Ich sehe meinen Freund *in Berlin/morgen* ←
Ich sehe meinen Freund, *und zwar in Berlin/morgen*

Er ermordete seine Frau *aus Eifersucht* ←
Er ermordete seine Frau, *und zwar aus Eifersucht*

Er wohnt in Berlin ←
*Er wohnt, und zwar in Berlin

---

33 Brinker (1972) 190f.

29

Es muß aber festgestellt werden, daß bei den fakultativen Aktanten auch dieses operationelle Kriterium zur Unterscheidung von Ergänzungen und Angaben versagt: es ist nämlich oft auch auf fakultative Aktanten anwendbar:

Er wartet *auf seinen Freund* ←
Er wartet, und zwar auf seinen Freund

3. Außer den obenbehandelten allgemeinen Kriterien gibt es noch einzelsprachliche Kriterien zur Unterscheidung von Ergänzungen und Angaben. So kann im Deutschen in einigen Fällen der Unterschied zwischen einer Ergänzung und einer Angabe an der Wortstellung des Satzes beobachtet werden: [34]

a) Von zwei Adverbialbestimmungen steht die valenzgebundene (= Adverbialergänzung) normalerweise hinter der freien (= Adverbialangabe):

Du hast das Buch { *am Vormittag* { *auf den Schrank* gelegt
                   { Adv.-angabe   { Adv.-ergänzung

(*) Du hast das Buch auf den Schrank am Vormittag gelegt
(Nach Helbig ist der Satz „leicht abweichend")

b) Eine freie Adverbialangabe kann in beschränktem Maße außerhalb des für das Deutsche charakteristischen Satzrahmens (*hat ... gelegt*) an das Satzende gestellt werden, während dies bei der Adverbialergänzung – wie z.B. auch bei Kasusobjekten – in der geschriebenen Sprache nicht möglich ist:

(*) Du hast das Buch auf den Schrank gelegt *am Vormittag*
(der Satz ist wenigstens beinahe grammatisch)
*Du hast das Buch am Vormittag gelegt *auf den Schrank*
*Du hast am Vormittag auf den Schrank gelegt *das Buch*

c) Auch die Stellung der Satznegation *nicht* spiegelt die Valenzgebundenheit oder Freiheit der Adverbialbestimmung wider:

Er wohnte nicht *in Berlin*
*Er wohnte *in Berlin* nicht   (Adverbialergänzung)

Er traf sie nicht *in Berlin*
Er traf sie *in Berlin* nicht   (Adverbialangabe)

Die Satznegation *nicht* steht also meist vor einer Adverbialergänzung, während sie vor oder nach einer Adverbialangabe stehen kann.

Aus der obigen Diskussion ist wohl deutlich geworden, daß es zur Zeit noch nicht möglich ist, völlig zuverlässige operationelle Kriterien zu finden, mit deren Hilfe die freien Angaben von den fakultativen Aktanten eindeutig zu unterscheiden wären. Man muß sich in diesem Punkt nach wie vor auf seine

---

34 Helbig/Schenkel (1973) 47–48.

30

Intuition berufen. In der Praxis hilft diese „Sprachkompetenz" auch oft, denn die Frage nach der Unterscheidung von Ergänzungen ist mehr ein theoretisches als ein praktisches Problem. Nur in ziemlich wenigen Fällen — wie zum Beispiel bei den Artbestimmungen (vgl. oben S. 24) — ist es praktisch wirklich schwierig, einen fakultativen Aktanten von einer freien Angabe zu unterscheiden. Wesentlich ist, daß auch die fakultativen Aktanten morphologisch und/ oder semantisch vom Verb selegiert werden und also nicht in jedem Satz frei hinzufügbar sind — wie prinzipiell die freien Angaben. Sie sind, wie auch die obligatorischen Ergänzungen, von bestimmten Subklassen von Verben abhängig, d.h. sie sind verbsubklassenspezifische Satzglieder.

3.1.3 Änderungen von Valenz

Die Valenz eines Verbums wird in der aktuellen Äußerung eines Satzes gegenüber der virtuellen (lexikalischen) Valenz des betreffenden Verbs meistens dadurch verändert, daß ein fakultativer Aktant eliminiert und die Valenz dadurch reduziert wird. In bestimmten Kontexten kann auch ein obligatorischer Aktant weggelassen werden. In einigen Fällen kann man auch von der Erhöhung der Valenz sprechen. Die Valenz kann auch durch bestimmte grammatische Kategorien beeinflußt werden.

3.1.3.1 Reduzierung von Valenz

1. Das Weglassen von fakultativen Aktanten läßt sich normalerweise aus dem Kontext erklären, in dem die betreffende Satzäußerung steht, oder auf bestimmte semantische Aspekte zurückführen.[35]

a) Ein fakultativer Aktant wird häufig eliminiert, wenn man bei der Tätigkeit nur an den Verlauf, nicht an den Vollzug denkt. Im Deutschen gibt es oft sogar zwei nahe verwandte Verben, von denen das eine den Verlauf der Tätigkeit mit reduzierter Valenz ausdrücken kann, während das andere immer den Vollzug bezeichnet:

> Er *aß* (< Er aß Brot) — He was eating
> Er *verzehrte* das Brot
>
> Sie *warteten* (< Sie warteten auf den Zug) — They were waiting
> Sie *erwarteten* den Zug

Bei solchen Ausdrücken mit reduzierter Valenz ist die Zielbezeichnung nicht

---

35 Korhonen (1977) 179f.

wichtig oder sie kann mit Hilfe des sprachexternen Kontextes verstanden werden.

b) Eine fakultative Ergänzung kann auch deswegen eliminiert werden, weil man die Art des Geschehens (im Gegensatz zu einer anderen Geschehensart) hervorheben oder das Geschehen als allgemeingültig darstellen will. Dann verlagert sich bei einem fakultativ zweiwertigen Verb der Akzent der Mitteilung auf das Verb:

> Der Mann ist *geflogen* (und nicht gefahren)
> Der Bauer *pflügt* (d.h. er mäht oder sät nicht)
> Vater *raucht* ‚Vater ist Raucher'

c) Ein fakultativer Aktant kann auch durch den satzexternen sprachlichen Kontext ergänzt werden, wobei die Satzgrenze überschritten werden muß. Meist handelt es sich dabei um Vorerwähntheit, wie z.B. folgende zwei Sätze zeigen:

> Fritz will den Hund füttern. Er bringt das Fleisch.

Im zweiten Satz ist ein Aktant (Dativobjekt: *dem Hund*) ausgespart worden, weil es — allerdings in einer anderen morphologischen Form — schon im vorgehenden Satz vorhanden ist. Wir können also sagen, daß der fakultative Aktant nicht satzobligatorisch sondern textobligatorisch ist.

d) Nimmt ein Verb neben einer Agens- und einer Zielbezeichnung noch eine Partnerbezeichnung zu sich, so ist die Partnerbezeichnung oft eliminierbar, während die Zielbezeichnung obligatorisch ist:

> Er bringt (seinem Freund) eine Tafel Schokolade

Ebenfalls kann bei sog. passivischen Verben die Agensbezeichnung weggelassen werden:

> Sie bekommt (von ihrem Freund) ein Buch

Hier beruht also die Valenzreduzierung auf der Bedeutung des fakultativen Aktanten und seinem Verhältnis zu der Bedeutung des Valenzträgers, des Verbs.

e) Für die oben behandelten Fälle der Reduzierung eines fakultativen Aktanten ist es charakteristisch, daß sich der Inhalt des ganzen Satzes verändert, obgleich die begriffliche oder denotative Bedeutung des Verbs unverändert bleibt:

> Er wartet auf mich ≠ Er wartet
> (bei beiden Sätzen handelt es sich um ‚warten')

32

Die Ergänzung kann aber auch weggelassen werden, ohne daß sich die Bedeutung des Satzes überhaupt verändert:

Die Henne legt Eier = Die Henne legt
Die Pilze riechen schlecht = Die Pilze riechen

Hier ist eine bestimmte Ergänzung bei einem bestimmten Verb so häufig ausgelassen worden, daß sie mit der Zeit in der Bedeutung des Verbs aufgegangen ist und das Verb gewissermaßen eine neue Bedeutung und eine neue Valenz bekommen hat. Es ist also eine unabhängig vom Kontext ergänzbare, ursprünglich obligatorische Ergänzung weggelassen worden und fakultativ geworden. Nach Helbig, der hier von der Ellipse spricht, wird der ausgelassene Aktant immer mitgedacht.[36] Es gibt aber auch Fälle, wo der ursprünglich ausgelassene Aktant nicht mehr als solcher ergänzbar ist und das Verb deutlich eine neue Bedeutung erhalten hat.

Der Bauer *legt Bohnen* ,legt B. in den Erdboden und bedeckt sie mit Erde‘
(ursprünglich nur: ,in den Erdboden legen‘, vgl. Er legt ein Buch auf den Tisch)

2. Ein fakultativer Aktant kann in einem isolierten Satz weggelassen werden, wenn er auch normalerweise aus dem sprachlichen oder Situationskontext ergänzt werden kann, also text- oder situationskontextobligatorisch ist. Ein obligatorischer Aktant ist dagegen in einem isolierten Satz unentbehrlich. Er kann also als satzobligatorisch bezeichnet werden. Unter ganz bestimmten Bedingungen ist aber auch er weglaßbar.[37]

a) Ein obligatorischer Aktant ist in dialogischer Rede weglaßbar: die in der Frage vorhandene Ergänzung braucht nicht unbedingt in der Antwort wiederholt zu werden. Meistens handelt es sich um Eliminierung von Subjekt und Prädikativ, es kann aber auch ein Objekt ausgespart werden:

Kommt dein Freund zum Vortrag mit? – Kann kommen.
Ist er älter als sein Nachbar? – Ist er.
Erwartet sie ein Kind? – Ja, sie erwartet.

In einigen Fällen ist zum Beispiel im Finnischen ein obligatorischer Aktant eliminierbar, während er im Deutschen nicht weggelassen werden kann, sondern wiederholt oder durch ein substantivisches Pronomen ersetzt werden muß:

Hän antoi minulle kirjan. – Antoiko hän sinullekin?
Er gab mir ein Buch. – *Gab er auch Dir?
(Aber: Gab er auch Dir eins?)

---

36 Helbig/Schenkel (1973) 53; Korhonen (1977) 184f.
37 Korhonen (1977) 182.

b) Ist die Subjektstelle durch ein unpersönliches *das* besetzt, kann ein obligatorischer Aktant oft weggelassen werden, während die Eliminierung bei einem persönlichen Subjekt nicht möglich ist:

    Das nützt/ das schadet
    *Der Mann nützt/ der Mann schadet

c) Eine obligatorische Ergänzung ist bei bestimmten Verben leichter weglaßbar, wenn es im Satz eine Angabe oder eine Negation gibt, die gewissermaßen die Leerstelle ersetzt:

    Er hilft nie/ immer/ gern
    ?Er hilft
    In diesem Haus entscheide ich
    ?Ich entscheide

3.1.3.2 Erhöhung von Valenz

Geht man bei der Betrachtung der Valenzbeziehungen von der sog. Gesamtvalenz, d.h. von der Gesamtheit der Ergänzungen aus, kann es sich bei einer Valenzänderung nur um Reduzierung handeln. Nimmt man dagegen die sog. Grundvalenz, unter der die am häufigsten auftretende Valenzkonstruktion zu verstehen ist, zum Ausgangspunkt, kann man auch von der Valenzerhöhung sprechen.[38]

1. Bei einigen dreiwertigen, das Prädikativ verlangenden Verben gehört die Ergänzung des Ausgangspunktes der Entwicklung normalerweise nicht nur Grundvalenz:

    Ihr Gefühl entwickelte sich vom Mitleid zur Liebe

Vom Standpunkt der Grundvalenz ist *vom Mitleid* wohl als Erweiterung oder Erhöhung der Valenz zu betrachten.

2. Bei einigen unpersönlichen Verben mit dem unpersönlichen Pronomen *es* als formalem Subjekt kann ein Substantiv im Akkusativ hinzutreten und die Valenz erweitern:

    Es regnet *dicke Tropfen/ Bindfäden*
    Es hagelte *Taubeneier*

3. Auch bei dem sog. inneren Objekt (Akkusativ des Inhalts) handelt es sich um Valenzerhöhung:

---

38 Korhonen (1977) 194f. Zur „Grundvalenz" s. Ehnert (1974).

Er schläft *den Schlaf des Gerechten*
Er tanzt *einen Walzer*
Er schwitzt *Blut*

3.1.3.3 Einfluß grammatischer Kategorien auf die Valenz

Die Valenz des Verbs wird in erster Linie durch das Verb selbst determiniert. So wird die quantitative Valenz vorwiegend durch die Bedeutung des Verbs bestimmt. Auch die Wortbildung des Verbs kann die Valenz beeinflussen, z.B. die Vorsilbe (*be-, er-* usw.) im Deutschen. So ist die Valenz von *warten*: $1 + (1) = 2 \rightarrow \text{Sn} + (\text{pS}_{auf})$, von *erwarten* dagegen $2 \rightarrow \text{Sn, Sa}$:

Er wartet (*auf seinen Freund*)
·Er erwartet *seinen Freund*

Außer diesen normalen Valenzfaktoren gibt es noch andere Kategorien, welche die Verbvalenz beeinflussen können.[39]

1. In der Passivtransformation wird die obligatorische Valenz normalerweise um eine Einheit reduziert, während die Gesamtvalenz unverändert bleibt. Das obligatorische Nominativsubjekt des Aktivsatzes wird nämlich im Passivsatz zu einem fakultativen Agens:

Er las das Buch →
Das Buch wurde (von ihm) gelesen

He read the book →
The book was read (by him)

Im Finnischen vermindert sich auch die Gesamtvalenz, weil es normalerweise kein Agens gibt:

Hän luki kirjan ‚Er las das Buch' (Aktiv $1 + (1) = 2$)
Kirja luettiin ‚Das Buch wurde gelesen' (Passiv 1)

2. Auch der Numerus des Subjekts kann sich manchmal auf die Valenz des Verbs auswirken. Die Veränderung Singular → Plural kann eine Verminderung der obligatorischen Valenz bewirken:

Die KPD vereinigte sich mit der SPD
(sich vereinigen $_2 \rightarrow \text{Sn, pS}_{mit}$)

Die Parteien vereinigten sich (miteinander/mit einer dritten)
(sich vereinigen $_1 + (1) = 2 \rightarrow \text{Sn, (pS}_{mit})$

---

39 Helbig/Schenkel (1973) 58f.

3. Auch der Numerus des Objekts kann eine ähnliche Reduzierung verursachen:

Man vereinigt den Turnverein mit dem Ruderverein
(vereinigen $3 - $ Sn, Sa, pS_{mit})
Man vereinigt die beiden Sportvereine (miteinander/ mit einem dritten)
(vereinigen $2 + (1) = 3 - $ Sn, Sa, (pS_{mit}))

4. Die Aktionsart kann die qualitative Valenz beeinflussen. So kann ein Akkusativobjekt sich in ein Präpositionalobjekt verwandeln, wenn die perfektive Aktionsart zur durativen Aktionsart wird:

Er liest (ein Buch) $-$ lesen $1 + (1) = 2 - $ Sn, (Sa) (hier perfektiv)
Er liest (in einem Buch) $-$ lesen $1 + (1) = 2 \rightarrow $ Sn, (pS_{in}) (durativ)

5. Die Valenz kann durch die Reflexivierung verändert werden:

Im Sessel wird gesessen (gesessen werden $1 \rightarrow pS$)
Im Sessel sitzt es sich bequem (sich sitzen $2 + es = 3 \rightarrow pS$, es, Adj.)

Hier ist die Valenz des passivischen Verbs 1, des passivisch-reflexivischen 2 + *es*, wobei ein Adjektiv und *es* obligatorisch geworden sind.[40]

3.2 Das Verb als strukturelles Zentrum des Satzes

Als strukturelles Zentrum des Satzes fungiert das Verb, das nach seiner Valenz bestimmte Ergänzungen bekommt:

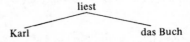

Zum Verb als strukturellem Zentrum des Satzes gehört jedoch nicht nur das finite Verb, sondern es kann auch andere Verbformen umfassen:

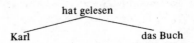

Das Verb als strukturelles Zentrum des Satzes hat immer einen lexikalischen Inhalt (‚lesen‘) und bestimmte grammatische Inhalte: *hat gelesen* zum Beispiel drückt nicht nur den verbalen Begriff ‚lesen‘ aus, sondern auch die grammatische

---

40 Jäntti (1979) 367f.

Kategorie des Tempus. Das Verb als Zentrum des Satzes wird „grammatisches Prädikat" genannt. Es kann auf folgende Weise definiert werden:

Das P r ä d i k a t ist eine finite Verbform oder eine Verbalgruppe mit einem Finitum, die e i n e n lexikalischen Verbalinhalt ausdrückt und diesen in bezug auf 1) den Modus, 2) das Tempus und 3) das Genus verbi (Aktiv und Passiv) verwirklicht. In einigen Sprachen gehört zu den grammatischen Aufgaben des Prädikats auch der Ausdruck des Aspekts (der Aktionsart). Auch die Person und der Numerus werden vom Prädikat zum Ausdruck gebracht, aber normalerweise zusammen mit dem Subjekt (Kongruenz).[41]

Ob eine Verbalgruppe wirklich nur e i n e n lexikalischen Verbalinhalt oder deren mehrere enthält, läßt sich durch S u b s t i t u t i o n s - oder Ersatzproben überprüfen: die Grundform des Prädikats (Präs. Ind.) wird so lange durch andere Formen desselben Verbs oder verbale Syntagmen mit demselben Verb substituiert, bis alle Formen und Syntagmen ermittelt worden sind, die denselben Verbalinhalt haben wie die Grundform. Prädikate sind zum Beispiel folgende Verbformen und Syntagmen von *lesen*:

> Karl *liest* – *las* – *lese* – *läse* – *hat gelesen* – *hatte gelesen* – *würde lesen* – *würde gelesen haben* – *dürfte lesen* – *dürfte gelesen haben* – *kann gelesen haben* usw.

Bei diesen Substitutionen ist der verbale Satzinhalt konstant geblieben. Auch bei den mehrwortigen Verbalsyntagmen, „Umschreibungen", handelt es sich immer noch um ‚lesen'. Wenn wir aber den Satz in die Form *Karl hat lesen können* transformieren, haben wir im Satz zwei Verbalinhalte: ‚imstande sein, in der Lage sein' und ‚lesen'. Bei dieser Substitution ist der verbale Satzinhalt nicht mehr konstant geblieben, sondern der Satz weist zwei Verben als begriffliche Bedeutungsträger auf, und zwar *können* und *lesen*. Deswegen kann in unserem Satz nicht der ganze Verbalkomplex *hat lesen können* als strukturelles Zentrum betrachtet werden, sondern das Prädikat ist das Verbalsyntagma *hat können*, von dem der Infinitiv *lesen* als Ergänzung abhängt. Im Satz *Karl kann das Buch gelesen haben* kommt dagegen normalerweise nur der Verbinhalt ‚lesen' zum Ausdruck, *kann* ist als „Modusmorphem des Potentials" (der Vermutung) zu betrachten: ‚Karl hat w o h l gelesen'. Das Prädikat ist das ganze Syntagma *kann gelesen haben*. Bei der Ermittlung des strukturellen Zentrums des Satzes, des Prädikats, ist es bei einem Verbalsyntagma mit einem Modalverb wichtig, zwischen einem lexikalischen (*hat lesen können*) und einem rein grammatischen (*kann gelesen haben*) Gebrauch zu unterscheiden.[42] Wird das Modalverb lexikalisch gebraucht, so ist es ein Bedeutungsträger (z.B. *können* ‚imstande sein, in der Lage sein') und bildet das Prädikat. Wird das Modalverb

---

41 Tarvainen (1976b) 283f.
42 Tarvainen (1976a) 10f.

grammatisch gebraucht, so bildet es nicht allein das strukturelle Zentrum des Satzes, sondern das Prädikat besteht aus dem Modalverb und dem Hauptverb zusammen (*kann gelesen haben*), wobei das Hauptverb der Bedeutungsträger und das Modalverb ein Morphem des (analytischen) Modus ist. Der syntaktische Unterschied zwischen den Sätzen *Karl kann das Buch gelesen haben* und *Karl hat das Buch lesen können* kommt natürlich auch in ihren Dependenzstemmas zum Ausdruck:

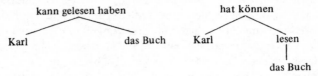

Bei den perfektiven Syntagmen *kann gelesen haben* und *hat lesen können* kommt der unterschiedliche Gebrauch des Modalverbs auch morphologisch zum Ausdruck. *Können* als Modusmorphem erscheint auch im Vergangenheitstempus unverändert als *kann* und die Vergangenheit wird durch den Infinitiv Perfekt (*gelesen haben*) ausgedrückt. Dagegen ist beim lexikalischen Vollverb *können* das Perfekt *hat ... können* möglich. Ähnlich verhalten sich z.B. *dürfte gelesen haben* und *hätte lesen dürfen*. Wenn aber *kann* und *dürfte* mit einem Infinitiv Präsens verbunden werden, gibt es keine morphologischen Kriterien für die Unterscheidung ihrer rein grammatischen Verwendung von ihrem lexikalischen Gebrauch als begrifflicher Bedeutungsträger, als „Vollverb". So ist der Satz *Mein Bruder dürfte kommen* doppeldeutig: 1) ‚Mein Bruder hätte die Erlaubnis zu kommen' (*dürfte* ‚Erlaubnis haben' als Prädikat + der Infinitiv *kommen* als Ergänzung); 2) ‚Mein Bruder kommt vielleicht' (*dürfte kommen* als Form des analytischen Modus „Potential" von *kommen* als Prädikat). Im Finnischen gibt es auch bei den analytischen Vergangenheitstempora (z.B. Perfekt) keinen morphologischen Unterschied zwischen der grammatischen und der lexikalischen Verwendung der Modalverben. So ist der Satz *Kalle on voinut lukea kirjan* doppeldeutig: 1) ‚Karl kann das Buch gelesen haben', 2) ‚Karl hat das Buch lesen können':

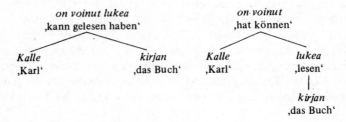

Der Infinitiv kann also sowohl ein Teil des Prädikats als auch eine Ergänzung (Aktant) sein:

Karl *dürfte* heute das Buch *lesen* ‚liest wohl' (Infinitiv als Teil des Prädikats)

Karl *dürfte* das Buch lesen, er will aber nicht (Infinitiv als Ergänzung des Prädikats *dürfte*)

Wenn der Infinitiv ein Teil des Prädikats ist, ist die vom Infinitiv abhängige Bestimmung ein Dependens des Prädikats selbst. Wenn der Infinitiv eine Ergänzung ist, stellt die Bestimmung des Infinitivs kein Dependens des Prädikats selbst dar, denn sie hängt von einem als Dependens des Prädikats (Modalverb) fungierenden Infinitiv ab. Diese Bestimmungen des Infinitivs können Ergänzungen oder Aktanten (oder Angaben) zweiten Grades genannt werden (z.B. Objekte des Infinitivs):

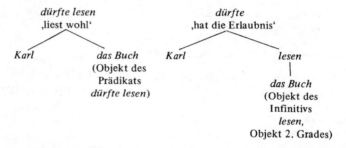

Ein Modalverb kann auch fast völlig seine lexikalische Bedeutung einbüßen und nur als grammatisches Modalmorphem auftreten. So hat das deutsche Modalverb *mögen* — von dem Inhalt ‚gern haben' und dem Konjunktiv *möchte* abgesehen — fast nur grammatische Aufgaben:

Er *mag* etwa 40 Jahre alt *gewesen sein* (potential = Vermutung)
Was auch *geschehen mag/möge* (konzessiv)
Diese Frage *mag/möge* er mit sich selbst *erörtern* (imperativisch)

Auch das englische *may* ist vorwiegend ein grammatisches Hilfsverb und hat fast dieselben Funktionen wie das deutsche *mögen*:

He *may have missed* the train (potential)
It is true whatever he *may say* (konzessiv)
May they *live* long (imperativisch)

Ebenfalls werden im Finnischen einige Modalverben fast nur grammatisch als Modusmorphem gebraucht (z.B. *taitaa, saattaa* ‚mögen, können'; potential), während andere — wie die meisten Modalverben im Deutschen — sowohl

grammatisch als auch lexikalisch verwendet werden können (z.B. *voida*
‚können‘; vgl. oben).

Solche grammatische Modalverbkonstruktionen können „analytische
Modalverbmodi" genannt und im Modussystem neben die traditionellen Modi
(Indikativ, Konjunktiv und Imperativ) gestellt werden.
Die Modalverbmodi können auch ein Tempusparadigma haben.[43] Der
englische *may*-Potential hat zwei Tempora:

He *may lose* his way (Präsens)
He *may have lost* his way (Perfekt)

Der mit dem deutschen Modalverb *mögen* gebildete Potential kann sogar vier
Tempora haben: *mag sein* ‚ist wohl‘ (Präsens); *mochte sein* ‚war wohl‘ (Präteri-
tum); *mag gewesen sein* ‚ist wohl gewesen‘ (Perfekt); *mochte gewesen sein* ‚war
wohl gewesen‘ (Plusquamperfekt):

Mein Bruder *mag* zu Hause *sein*
Mein Bruder *mochte* zu Hause *sein*
Mein Bruder *mag* zu Hause *gewesen sein*
Mein Bruder *mochte* zu Hause *gewesen sein*

Für das Englische charakteristisch sind die Prädikate, die mit der *ing*-Form
gebildet sind und die durative Aktionsart (Aspekt) ausdrücken, z.B.:

He *is examining*
He *was examining*
He *has been examining*
He *had been examining*
He *would have been examining*

3.3   Ergänzungen des Verbs

Zu den Ergänzungen des Verbs gehören das Subjekt, das Objekt, die Adverbialergänzung und die Prädikativergänzung. Nach einigen Forschern ist jedoch das
Subjekt keine Ergänzung des Verbs, sondern ein mit dem Prädikat gleichrangi-
ges Hauptglied des Satzes. Auch das Prädikativ gilt nicht immer als Ergänzung,
sondern wird als Teil des Prädikats betrachtet. Viele Forscher halten jedoch
auch das Subjekt und das Prädikativ für Ergänzungen des Verbs.[44]
Die Verbergänzungen können in zwei Hauptgruppen eingeteilt werden, und
zwar in Vollaktanten und rein formale Aktanten. Die V o l l a k t a n t e n sind

---

43 Tarvainen (1976a) 22; Tarvainen (1979) 24–25.
44 Helbig/Schenkel (1973) 26–27; 40f.; 55f. Tarvainen (1973) 19f.

Bedeutungsträger, d.h. sie sind substituierbar und bilden ein Paradigma. Eines der Glieder des Paradigmas ist normalerweise ein Wort mit einer Verweisfunktion, eine Anapher. Anaphern sind vor allem bestimmte Pronomina, Pronominaladverbien und Adverbien.[45] Die Substitution eines substantivischen Satzgliedes durch eine Anapher wird A n a p h o r i s i e r u n g genannt. Die Anaphorisierung spielt eine wichtige Rolle, wenn man verschiedene Satzglieder (z.B. Objekt und Adverbial) voneinander unterscheiden will (s. unten S. 47f.). Wir können also kurz sagen, daß die Vollaktanten substituierbare und anaphorisierbare Komplexe sind (das trifft auch auf Angaben zu):

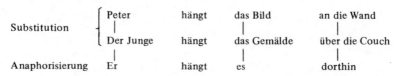

Substitution	Peter	hängt	das Bild	an die Wand
	Der Junge	hängt	das Gemälde	über die Couch
Anaphorisierung	Er	hängt	es	dorthin

Die rein f o r m a l e n   A k t a n t e n, z.B. das formale Subjekt *es* (engl. *it*) sind keine Bedeutungsträger, sie sind gegen nichts austauschbar und bilden eine ein-elementige Substitutionsklasse. Sie werden aber vom Verb als Ergänzung verlangt und können deswegen als valenzbedingte Elemente angesehen und formale Aktanten genannt werden:

Es regnet
It is raining

Rein formale Elemente können auch als Aktantenteile fungieren und vor einem infinitiv- oder satzförmigen Satzteil die Rektion des Verbs zum Ausdruck bringen:

Er schafft *es*, die Arbeit zu beenden
Wir bereiten die Studenten *darauf* vor, daß sie in der Praxis bestehen

Der ganze Aktant besteht aus dem Formwort und dem Infinitiv (Nebensatz) zusammen. So ist z.B. beim ersten Satz das Objekt: *es, die Arbeit zu beenden.*
Diese Markierung der Verbrektion durch formale Aktanten findet im Gegensatz zum Deutschen in anderen germanischen Sprachen weniger häufig statt: vgl.

schwed. Han undvek ϕ att tala om saken
dt. Er vermied *es*, über die Sache zu sprechen

schwed. Hon avstår φ från att delta i exkursionen
dt. Sie verzichtet *dar*-auf, an der Exkursion teilzunehmen

---

45 Die Bezeichnung „Anapher" kommt bei Bühler und Tesnière vor, von denen sie Engel in einen allgemeineren Gebrauch genommen hat; Engel (1970) 366, (1972b) 27, (1977) 291.

Unter den Vollaktanten bilden die größte Gruppe die nominalen (und adverbialen) Aktanten, die aus Substantiven, Pronomina, Adjektiven und Adverbien bestehen:

Ich denke *an meinen Freund/an ihn*
Die Jungen sind *faul/so*
Ich wohne *in München/dort*

Die Aktanten weisen auch einige Sonderformen auf. Die erste Gruppe besteht aus Infinitiven, Partizipien und Gerundiva und kann v e r b a l e A k t a n t e n genannt werden:

Er weigert sich *zu kommen* (Infinitiv)
Aufgeschoben ist nicht *aufgehoben* (Partizip)
He enjoys *singing* (Gerundivum)

In den meisten Fällen ersetzt der verbale Aktant einen nominalen Aktanten:

He enjoys *singing* – He enjoys *a song*

Bei einigen Verben kann der verbale Aktant auch die einzig mögliche Ergänzung sein:

Er weigert sich *zu kommen*
He can *sing*

Eine zweite Sonderform der Vollaktanten ist der Nebensatz, der einen s a t z -
f ö r m i g e n A k t a n t e n darstellt:

Ich weiß, *daß er kommt*
I know *that he'll come*

Der satzförmige Aktant kann mit dem verbalen Aktanten gleichwertig sein:

Er beschuldigt mich, *daß ich ihn verraten habe*
Er beschuldigt mich, *ihn verraten zu haben*

Normalerweise ersetzt der satzförmige Aktant einen nominalen Aktanten:

Ich sehe, *daß der Junge kommt*
Ich sehe *den Jungen*

3.3.1   Vollaktanten
3.3.1.1 Das Subjekt

Die traditionelle Auffassung hat dem Subjekt eine Sonderstellung unter den nicht finiten Satzgliedern eingeräumt. Nach ihr ist nämlich das Subjekt mit dem Prädikat gleichrangig: Das Subjekt und das Prädikat seien die Hauptglieder des Satzes, die sich gegenseitig bedingen. Diese Subjekt-Prädikat-Beziehung (Nexus) bilde das Gerüst des Satzes. Das Subjekt sei also keine Ergänzung des Prädikats wie z.B. das Objekt, das als Ergänzung des Prädikats einen Teil des sog. Prädikatsverbandes[46] bilde:

Der Vater liest
$\longleftrightarrow$

(*Vater* bedingt *liest; liest* bedingt *Vater*)
Der Vater liest ein Buch
Subjekt-Prädikat-/Ergänzung
Beziehung

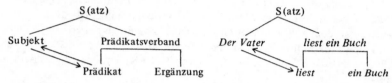

Auch in der generativen Transformationsgrammatik wird dem Subjekt im Vergleich mit den anderen Satzgliedern eine Sonderstellung eingeräumt. Als NP (= Nominalphrase) steht es normalerweise dem Prädikatsverband (VP = Verbalphrase) gegenüber:

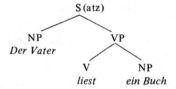

In der Valenztheorie hat das Subjekt normalerweise keine Sonderstellung, sondern die meisten Valenztheoretiker halten es für eine valenzbedingte Ergänzung des Prädikatverbs wie z.B. das Objekt:

Begründungen für die Auffassung der Valenztheorie:

1. Es gibt in einigen Sprachen Sätze ohne Subjekt und also ohne die Subjekt-Prädikat-Beziehung im traditionellen Sinne:

---

46 Duden (1973) 479.

Heute wird getanzt — Tänään tanssitaan
Mich friert — Minua palelee

2. Das Subjekt und zum Beispiel das Objekt können dieselbe logisch-semantische Stellung haben: *Ich friere* und *Mich friert* (in dem ersten Satz ist das Subjekt, im zweiten das Objekt „der Zustandsträger").

3. Semantisch ist das Subjekt vom Prädikat abhängig: das Verb bestimmt den Inhalt des Subjekts auf dieselbe Weise wie den des Objekts: *Der Tisch schreibt einen Brief* (Subjekt inkompatibel (oder unverträglich) mit dem Prädikat); *Der Junge schreibt den Tisch* (Objekt inkompatibel mit dem Prädikat).[47]

In einer Hinsicht hat das Subjekt in vielen Sprachen jedoch eine Sonderstellung: es ist das einzige Satzglied, mit dem das Prädikat in Person und Numerus kongruiert. Außerdem ist nicht zu übersehen, daß auch in den Sprachen, in denen das Subjekt fehlen kann, es dennoch bei erheblich mehr Prädikaten vorkommt als die anderen Ergänzungen des Prädikats, z.B. das Objekt und die Adverbialergänzung. Beispiele für Kongruenz von Subjekt und Prädikat:

dt.	Das Kind *spielt* – Die Kinder *spielen*
	Ich *spiele* – Du *spielst*
engl.	The child *is playing* – The children *are playing*
	I *am playing* – You *are playing*
finn.	Lapsi *leikkii* – Lapset *leikkivät*
	Minä *leikin* – Sinä *leikit*

Da manche europäischen Sprachen keine Verbalkonjugation (mehr) besitzen, gibt es in diesen auch keine Kongruenz (mehr):

schwed.	Barnet *leker* – Barnen *leker*
	Jag *leker* – Du *leker*
dän.	Barnet *leger* – Børnene *leger*
	Jeg *leger* – Du *leger*

In anderen Sprachen finden sich systematisierte Ausnahmen von der Kongruenz-Regularität: so kongruiert im Finnischen das Prädikat nicht mit dem pluralischen Partitivsubjekt, sondern steht im Singular: *Lapsia* (Part. Pl.) *leikkii* (Sg.) ,Kinder spielen', während es mit dem pluralischen Nominativsubjekt kongruiert: *Lapset* (Pl.) *leikkivät* (Pl.) ,Die Kinder spielen'.

Weniger systematisiert sind die Durchbrechungen der Kongruenzregularität in anderen Sprachen in solchen Fällen, in denen das Subjekt einen Kollektivbegriff ausdrückt. Das Frz. beachtet die formale Kongruenz hierbei weniger als

---

47 Engel (1972b) 9; Tarvainen (1976b) 292.

das Deutsche: Vgl. frz. *La plupart* (Sg.) *des spectateurs n'avaient* (Pl.) *pas payé* gegen dt. *Der größte Teil* (Sg.) *der Zuschauer hatte* (Sg.) *nicht bezahlt.* Jedoch gibt es auch im Dt. unsystematische Schwankungen: *Eine große Anzahl von Zuschauern war/waren gekommen.*

Wo es eine Kongruenz zwischen dem Subjekt und dem Prädikat gibt, kann das Subjekt rein formal definiert werden. Z.B. im Deutschen und auch im Englischen können wir dem Subjekt folgende Definition geben (dabei wird davon ausgegangen, daß die normale Form des Subjekts durch ein nominativisches Pronomen ersetzbar oder anaphorisierbar ist):

Das S u b j e k t ist ein vom Prädikatsverb valenzmäßig gefordertes Substantiv oder Pronomen im Nominativ bzw. deren Äquivalent (z.B. Gliedsatz oder Infinitiv), von dem der Numerus und die Person des Prädikats im Sinne der Kongruenz bestimmt werden und das (von der 1. und 2. Person des Personalpronomens abgesehen) durch ein nominativisches Personal- oder Demonstrativpronomen anaphorisierbar ist:

Das Kind spielt auf dem Hof (*Es/Das* spielt)
Die Kinder spielen auf dem Hof (*Sie* spielen)
Ich spiele auf dem Hof

The child is playing in the yard (*He/She* is playing)
The children are playing in the yard (*They* are playing)
I am playing in the yard

Daß du gekommen bist, freut uns alle (*Es* freut uns)
Seinen Ausführungen zu folgen war schwer (*Es* war schwer)

That she is still alive is a consolation (*It* is a consolation)
To rob one's parents is unforgivable (*That/it* is unforgivable)   .

Beim Subjekt gibt es bei verschiedenen Sprachen Formen, die von den normalen Typen abweichen. So gibt es im Deutschen ein seltenes Genitivsubjekt, im Finnischen ist die Einteilung des Subjekts in ein Nominativ- und Partitivsubjekt (Total- und Partialsubjekt) ein Charakteristikum der Sprache, im Englischen gibt es bei den verbalen Subjekten ein *-ing*-Subjekt:

Hier ist *unseres Bleibens* nicht (Genitivsubjekt)
Pihalla leikkii *lapsia* ,Auf dem Hofe spielen Kinder' (Partitivsubjekt;
vgl. *Lapset* leikkivät ,Die Kinder spielen', Nominativsubjekt)
Eating people is wrong (ing-Subjekt)

Das grammatische Subjekt ist eine Erscheinung der Oberflächenstruktur, hinter der sich verschiedene Relationen der logisch-semantischen Struktur oder Tiefenstruktur (,,Tiefenstrukturkasus") verbergen:

1. Das Subjekt bezeichnet einen aktiven Täter (,,Ergativ" oder ,,Agentiv"):

Der Mann schlug den Hund
The man stroke the dog
Mies löi koiraa

2. Das Subjekt bezeichnet einen Zustandsträger („Nominativ" oder „Dativ"):

Der Mann schläft
The man is sleeping
Mies nukkuu

3. Das Subjekt kann eine Sache nennen, die vom Geschehen getroffen wird („Objektiv"):

Das Fenster zerbrach (vgl. Ich zerbrach *das Fenster*)
The window broke
Ikkuna särkyi

4. Das Subjekt kann einen Ort bezeichnen, wo etwas geschieht („Lokativ"):

Helsinki ist windig (vgl. Es ist windig *in Helsinki*)
Helsinki is windy
Helsinki on tuulinen

5. Das Subjekt kann ein Instrument oder ein Mittel nennen („Instrumental"):

Bomben haben die Stadt zerstört (vgl. Der Feind hat die Stadt *mit Bomben* zerstört)
Bombs destroyed the town
Pommit hävittivät kaupungin

Das Subjekt kann auch ein Geschehen selbst bezeichnen („Prädikat") oder rein formal sein:

Gestern ist hier *ein Mord* geschehen (vgl. Man hat jemanden ermordet)
There happened a *murder* here yesterday
Eilen täällä tapahtui *murha*
Es regnet − *it* rains − (*Se*) sataa

Wenn das Pronomen *es* im Deutschen nur am Satzanfang möglich ist, wird es nicht vom Verb, sondern von der Wortstellung gefordert, und es ist nicht als Subjekt, sondern als g r a m m a t i s c h e A n g a b e anzusehen:

Es kommen heute Gäste (Heute kommen Gäste)
Es wurde gestern getanzt (Gestern wurde getanzt)

3.3.1.2 Das Objekt und die Adverbialergänzung[48]

1. Zum Wesen des Objekts und der Adverbialergänzung

Das Objekt ist nach der traditionellen logisch-grammatischen Satzanalyse eine Bestimmung des Verbs, die das Ziel der Verbalhandlung ausdrückt. Das Adverbial dagegen ist eine Umstandsbestimmung, die z.B. Zeit, Ort sowie Art und Weise bezeichnet. Diese inhaltlichen Definitionen sind ungenau, denn auch das lokale Adverbial kann als Ziel einer Handlung angesehen werden:

Er fährt nach München (München ist das Ziel des Reisens)

Das Objekt und das Adverbial können aber auch rein syntaktisch definiert werden, und zwar mit Hilfe syntaktischer Operationen. Hinter dem so rein grammatisch definierten Objekt können dann verschiedene Inhalte gesucht werden (*Er tötete den Mann*; „affiziertes Objekt"; *Ich schreibe einen Brief*; „effiziertes Objekt"; usw.). Das Objekt ist primär eine syntaktische Kategorie (Akkusativ, Dativ, usw.), hinter der sich verschiedene, oft schwer genau zu ermittelnde Inhalte verbergen. Das Adverbial dagegen ist, obgleich es syntaktisch durch Operationen definierbar ist, primär eine deutlich semantische Kategorie (z.B. Zeit, Ort).

Als Ausgangspunkt unserer Überlegung können wir zwei deutsche Sätze nehmen, die beide dieselbe Präpositionalkonstruktion als Bestimmung des Prädikats haben:

Mein Bruder denkt *an den Rhein*
Mein Bruder fährt *an den Rhein*

Morphologisch sind die Sätze, vom Prädikat abgesehen, völlig identisch. Das Präpositionalgefüge *an den Rhein* ist jedoch im ersten Satz ein Objekt (ein Präpositionalobjekt), im zweiten eine Adverbialergänzung. Die syntaktischen Unterschiede zwischen den Sätzen können ermittelt werden, wenn wir versuchen, das *an*-Gefüge durch andere Präpositionalkonstruktionen zu substituieren und durch Pronomina (Pronominaladverbien) und Adverbien zu anaphorisieren (Anaphorisierung = Substitution durch Pronomen oder Adverb):

Er denkt *an den Rhein* (Objekt – Er fährt *an den Rhein* (Adverbial)

Substitution	*zum Rhein	zum Rhein
	*nach Deutschland	nach Deutschland
	an Deutschland	*an Deutschland
	*in die Stadt	in die Stadt
Anaphori-sierung	daran	*daran
	*dorthin	dorthin

---

48 Tarvainen (1976b) 293f. und 301; (1979) 91f. und 123f.; Helbig/Schenkel (1973) 43f.; Engelen (1975 Bd. 1) 110f. und 131.

Beim Präpositionalobjekt wird die Präposition durch das Verb determiniert (*denken* + *an* + Akk.) und die Anapher ist ein Pronominaladverb (*daran*) oder bei Personalbezeichnungen ein Pronomen mit der Präposition (Er denkt *an seine Mutter – an sie*). Beim Adverbial wird die Präposition primär nicht vom Verb, sondern vom Substantiv bestimmt (*nach Deutschland; in die Stadt*) und die Anapher ist ein Adverb (*dorthin*). Beim Präpositionalobjekt ist die Präposition semantisch mehr oder weniger leer und drückt nur grammatische Beziehungen aus (*Er denkt an den Rhein*), beim Adverbial hat die Präposition eine klar erkennbare Bedeutung (*a n den Rhein – i n den Rhein*).

Dieselben Unterschiede wie im Deutschen zwischen dem Präpositionalobjekt und dem Präpositionaladverbial können auch z.B. im Englischen zwischen den entsprechenden Präpositionalkonstruktionen beobachtet werden:

He looked *at the seaside* (Objekt) – He lived *at the seaside* (Adverbial)
     *on the hill   on the hill
     *in the town   in the town
     | |
     at it   there

Bei *look* ist die Präposition *at*, bei *live* wechselt sie nach dem Substantiv (*at the seaside – on the hill – in the town*). Die Anapher ist im linken Satz *at it*, im rechten Satz *there*. Bei *looked* ist *at the seaside* ein Objekt, bei *lived* ein Adverbial.

Das Obengesagte trifft auch für das Finnische zu, dort werden nur die Präpositionalkonstruktionen durch Lokalkasus ersetzt:

Hän kertoo *kaupungista* (Objekt) – Hän tulee *kaupungista* (Adverbial)
(‚Er erzählt von der Stadt‘)   (‚Er kommt aus der Stadt‘)
     *maalta ‚vom Lande‘   maalta
     Helsingistä ‚von Helsinki‘   Helsingistä
     *Pieksämäeltä ‚von Pieksämäki‘   Pieksämäeltä
     | |
     siitä ‚davon‘   *siitä
     *sieltä ‚von dort‘   sieltä

Die Ergänzung des Verbs *kertoa* steht, unabhängig vom Substantiv, immer im Elativ (*kaupungista*). Der Kasus wird also vom Verb bestimmt. Bei *tulla* ist der Kasus der Ergänzung primär vom Substantiv abhängig und kann danach wechseln: *kaupungista* (Elativ) – *maalta* (Ablativ). Die Anapher des Objekts *kaupungista* ist das Pronomen *siitä*, die Anapher des Adverbials *kaupungista* dagegen das Adverbial *sieltä*.

Es gibt also in verschiedenen Sprachen einerseits Bestimmungen des Verbs, deren Form vom Verb abhängig ist, andererseits Bestimmungen, deren Form primär vom Verb unabhängig ist. Die ersteren sind Objekte, die letzteren

Adverbiale. Der Unterschied zwischen Objekt und Adverbial scheint wenigstens zum Teil von den Sprachen unabhängig zu sein, also eine Art „Universale" darzustellen.

Auf Grund dessen, was oben gesagt worden ist, können wir jetzt das Objekt und die Adverbialergänzung definieren:

1) Das O b j e k t ist eine vom Prädikatsverb geforderte Ergänzung, deren Form, z.B. Kasus oder Präpositionalverknüpfung, durch das Verb determiniert wird und die durch ein Pronomen im betreffenden Kasus oder mit der betreffenden Präposition anaphorisierbar ist.

2) Die A d v e r b i a l e r g ä n z u n g ist eine vom Verb geforderte Ergänzung, deren Form (z.B. Kasus oder Präpositionalverknüpfung) nicht primär vom Verb, sondern vom Substantiv determiniert wird und die durch ein Adverb anaphorisierbar ist.

Das Objekt ist eine vorwiegend morphologische Kategorie. Es ist deswegen sehr schwer, einem einzelnen Objekt einen genauen Inhalt zuzuschreiben, wie es die deutsche inhaltbezogene Grammatik versucht hat: Zielgröße (Akkusativobjekt), Zuwendgröße (Dativobjekt), Anteilsgröße (Genitivobjekt) und Lagegröße (Präpositionalobjekt). Vor allem wird das Akkusativobjekt als das direkte Objekt bezeichnet, dem das Dativobjekt als indirektes Objekt gegenübersteht (*Er gab mir das Buch*; auch in der englischen Grammatik wird das Personenobjekt ein indirektes Objekt genannt: *He gave me the book – He gave the book to me*). Es gibt aber Fälle, in denen z.B. bei sinnverwandten Verben Akkusativ- und Dativobjekt den gleichen Inhalt haben müssen:

Er unterstützt *mich* – Er hilft *mir*

Einige „objektive" Inhaltsbereiche können zwar hinter dem Objekt der Oberflächenstruktur unterschieden werden:

1) Das Objekt bezeichnet, was von der Verbhandlung getroffen wird („affiziertes Objekt" [lat. afficere ‚einwirken']; Akkusativ):

Er tötete *den Mann*
He killed *the man*
Hän tappoi *miehen*

2) Das Objekt bezeichnet, was durch die Verbhandlung hervorgebracht wird („effiziertes Objekt" [lat. efficere ‚hervorbringen', ‚bewirken']; Akkusativ):

Ich schrieb *einen Brief*
I wrote *a letter*
Kirjoitin *kirjeen*

3) Das Objekt kann eine Zuwendung des Subjekts ausdrücken (im Deutschen normalerweise der Dativ):

Er näherte sich *dem Mann*
He approached *the man*
Hän lähestyi *miestä*

4) Das Objekt kann lage- und richtungsbestimmt sein (Präpositionalobjekt):

Die Truppen fliehen *vor dem Feind*
Er hat sich *an mich* gewendet
The people revolted *against their rulers*

In vielen Fällen sind aber keine in diesem Sinne „objektiven" Inhalte hinter der formalen Struktur der Objekte erkennbar:

1) Das Objekt kann in der Rolle eines tiefenstrukturellen Subjekts stehen:

Mir (mich) graut, wenn ich an morgen denke (Zustandsträger)
Minua pelottaa, kun ajattelen huomista

2) Das Objekt (Akkusativ) kann Ort („Lokativ") oder Zeit („Temporal") bezeichnen:

Sie bewohnt *ein altes Haus* (wohnt *in einem alten Haus*)
Sie verbrachten *einige Tage* an der See
They spent *some days* at the seaside
He viettivät *muutaman päivän* rannikolla

3) Das Objekt kann ein Instrument bezeichnen:

Die Jungen spielen *Ball (mit einem Ball)*
Pojat pelaavat *palloa (pallolla)*

4) Bei „inhaltsleeren Funktionsverben" drückt ein Verbalsubstantiv als Akkusativobjekt den Vorgang (Geschehen) selbst aus:

Er hält morgen *eine Rede/eine Vorlesung*
He will give *a talk/a lecture* tomorrow

5) Das Objekt kann auch rein formal sein (deutsch *es*):

Ich habe *es* eilig
Er wird *es* weit bringen

Im Unterschied zum Objekt ist die Adverbialergänzung eine klare inhaltliche Kategorie, z.B. Raumergänzung (Lokativ):

Er wohnt in München

50

2. Zu den verschiedenen Objekten

Die Form, die das Prädikatsverb dem Objekt vorschreibt, kann unterschiedlich sein. Die deutschen Nominalobjekte stehen im Akkusativ, Dativ, Genitiv oder in einem Präpositionalkasus. Die Infinitivobjekte und die Gliedsatzobjekte sind in den meisten Fällen Äquivalente der Nominalobjekte, vor allem des Akkusativ- und Präpositionalobjekts, sie können aber bei einigen Verben auch die einzige Objektsmöglichkeit sein. Nach der Form können im Deutschen folgende Objekte unterschieden werden:

Akkusativobjekt:	Ich schreibe *einen Brief*
Dativobjekt:	Ich helfe *meinem Bruder*
Genitivobjekt:	Wir gedachten *des Verstorbenen*
Präpositionalobjekt:	
an:	Ich dachte *an meine Mutter*
	Er schreibt *an einem Buch*
auf:	Er wartete *auf einen Freund*
	Das beruhte *auf einem Irrtum*
aus:	Der Roman besteht *aus drei Teilen*
bei:	Ich bleibe *bei meiner Meinung*
für:	Ich interessiere mich *für moderne Malerei*
gegen:	Er wehrte sich *gegen die Vorwürfe*
in:	Er hat sich *in das Mädchen* verliebt
	Ich übe mich *im Schwimmen*
mit:	Mein Bruder begann *mit dem Vortrag*
nach:	Er fragte *nach dem Weg*
über:	Mein Bruder dachte *über seine Erlebnisse* nach
um:	Mein Bruder sorgt sich *um seine Zukunft*
von:	Wir sehen *von weiteren Maßnahmen* ab
vor:	Er fürchtet sich *vor der Prüfung*
zu:	Ich forderte ihn *zur Mitarbeit* auf
Infinitivobjekt:	
ohne *zu*:	Mein Bruder muß *gehen*
	Ich sah *ihn kommen*
mit *zu*:	Mein Bruder weigerte sich *zu kommen*
Gliedsatzobjekt:	Er antwortete, *daß er nicht komme*
	Er fragte, *ob ich komme*

Im Englischen gibt es nur ein Kasusobjekt, das die Grundform des Substantivs, bei den Personalpronomina der Akkusativ ist:

I know *the man / him*

Die Anzahl der Präpositionalobjekte ist ungefähr ebenso groß wie im Deutschen:

about:	We spoke *about the matter*
after:	Will you look *after this matter?*

at :	I looked *at the girl*
for :	The farmers are praying *for rain*
from:	English differs *from German* in having no gender for nouns
in:	Do you believe *in God*?
into:	We must inquire *into the matter*
of:	Think *of the expenses*!
on:	Italy depends *on foreign countries* for oil
to:	Don't listen *to him*
upon:	I called *upon him* yesterday
with:	He doesn't like to part *with his money*

Wie im Deutschen gibt es auch im Englischen verbale und satzförmige Objekte. Typisch für das Englische sind die sog. *ing*-Objekte:

Infinitivobjekt:		
	ohne *to*:	The child can *speak*
	mit *to*:	He likes *to talk*
		He wants *her to come*
ing-Objekte:		He likes *talking*
		He saw *her coming*
Gliedsatzobjekte:		Everybody hoped *that he would sing*
		I don't know *if (whether) he is at home*
		I don't know *where he lives*

Im Französischen gibt es, wie im Englischen, nur ein Kasusobjekt, aber auch die Anzahl der Präpositionalobjekte ist gering:

Il a donné toute *sa fortune*
Il parlait *à son voisin/de Jean/de lui*
Il parlait *de son voyage*
Je parlais *avec mon grand-père*
Je compte *sur Pierre/sur lui*

Das Finnische hat nach der traditionellen Grammatik das Akkusativobjekt, das die Form des Genitivs oder Nominativs hat, und das Partitivobjekt:

Minä noudan *lääkärin* (genitivisches Akkusativobjekt)
(‚Ich hole den Arzt')

Lääkäri noudetaan (nominativisches Akkusativobjekt)
(‚Der Arzt wird geholt')

Minä kunnioitan *lääkäriä* (Partitivobjekt)
(‚Ich ehre den Arzt')

Zu diesen traditionellen Objekten können aber Lokalkasusobjekte hinzugefügt werden, die oft den deutschen Präpositionalobjekten entsprechen (Präpositionalobjekte sind im Finnischen selten):

52

Minä puhun *lääkäristä* (Elativobjekt)
(‚Ich spreche von dem Arzt‘)

Minä rakastuin *tyttöön* (Illativobjekt)
(‚Ich verliebte mich in das Mädchen‘)

Minä soitan *lääkärille* (Allativobjekt)
(‚Ich rufe den Arzt an‘)

Olen välttynyt *vahingoilta* (Ablativobjekt)
(‚Ich bin von Schäden verschont worden‘)

Auch im Finnischen gibt es verbale und satzförmige Objekte. Charakteristisch für die finnischen Infinitivobjekte sind − wie auch für die nominalen Objekte − verschiedene Kasusformen (der finnische Infinitiv kann in bestimmten Kasus dekliniert werden). Außerdem gibt es im Finnischen auch Partizipobjekte:

Infinitivobjekte:
   1. Inf.: Minä alan *lukea* ‚Ich beginne zu lesen‘
   3. Inf. Illativ: Minä rupean *lukemaan* ‚Ich beginne zu lesen‘
   3. Inf. Elativ: Hän kieltäytyi *tulemasta* ‚Er weigerte sich zu kommen‘
Gliedsatzobjekte:
   Minä näin, *että mies tuli* ‚Ich sah, daß der Mann kam‘
   Minä kysyin häneltä, *tuleeko hän* ‚Ich fragte ihn, ob er komme‘
   Minä kysyin, *mikä hänen nimensä oli* ‚Ich fragte ihn, wie er heiße‘
Partizipobjekte:
   Minä tiedän *hänen* (logisches Subjekt) *tulevan* (Partizip) ‚Ich weiß, daß er kommt‘
   Tiedän *hänen tehneen sen* ‚Ich weiß, daß er es gemacht hat‘
   Tiedän *asiasta puhutun* (Partizip Passiv) ‚Ich weiß, daß von der Sache gesprochen worden ist‘

Ein Verb kann auch mit zwei Ergänzungen verbunden werden, deren Formen vom Verb bestimmt werden, d.h. ein Verb kann zwei Objekte verlangen. Dabei können beide Objekte obligatorisch/fakultativ sein, oder ein Objekt ist obligatorisch, das zweite fakultativ:

Er gab *mir das Buch* − geben$_3$ = Nom., Akk., Dat. (beide Objekte obligatorisch)

Er schrieb (*mir*) (*einen Brief*) − schreiben$_{1 + (1) + (1)}$ = Nom. + (Akk.) + (Dat.)
(beide Objekte sind fakultativ)

Er sagte (*uns*) seine Meinung − sagen$_{2 + (1)}$ = Nom. Akk. (Dat.) (Das Akkusativobjekt ist obligatorisch, das Dativobjekt fakultativ)

Im Deutschen gibt es folgende Kombinationsmöglichkeiten von Objekten:

Akkusativ + Dativ: Er berichtete *mir den Vorgang*
Akkusativ + Akkusativ: Er lehrte *mich Französisch*
Akkusativ + Genitiv: Er beschuldigte *den Mann eines Diebstahls*
Akkusativ + Präposit.-konstr.: Er schrieb *einen Brief an seinen Sohn*

Dativ + Präposit.-konstr.:   Ich danke *dir für deine Hilfe*
Doppeltes Präpositionalobjekt: Er rächte sich *an ihm für diese Schmach*
Akkusativ + Infinitiv: Ich lehrte *ihn lesen*
Dativ + Infinitiv: Ich helfe *meinem Freund, ein Zimmer zu finden*
Akkusativ + Gliedsatz: Er fragte *mich, ob ich komme*
Dativ + Gliedsatz: Er antwortete *mir, daß er nicht komme*

Im Englischen ist die Anzahl der Objektskombinationen nicht so groß wie im Deutschen, weil es bei den Substantiven weniger Kasus gibt:

Grundform + Grundform (Akk. + Akk.):   I gave *the girl a doll*
Grundform (Akk.) + Präposit.-konstr.:   I gave *a doll to the girl*
    We reminded *him (John) of the argument*
Grundform (Akk.) + Infinitiv: I told *John (him) to come*
Grundform (Akk.) + Gliedsatz: John assured *Mary (her) that he was honest*
Präposit.-konstr. + Gliedsatz: John mentioned *to me that he was right*
Doppeltes Präpositionalobjekt: I shall speak *to him about the matter* to-morrow

Für das Finnische ist es auch bei zwei Objekten charakteristisch, daß mehrere Kasusformen (auch sog. Lokalkasus) möglich sind und beim sog. direkten Objekt der Akkusativ und Partitiv nach bestimmten Regeln miteinander wechseln:

Ablativ + Partitiv/Akkusativ: Kalle pyytää minulta *kirjaa/kirjan*
    ‚Karl bittet mich um ein Buch/um das Buch‘
Allativ + Partitiv/Akkusativ: Kalle antaa *minulle kirjoja/kirjan*
    ‚Karl gibt mir Bücher/das Buch‘
Partitiv + Elativ: Kalle kiittää *minua kirjasta*
    ‚Karl dankt mir für das Buch‘
Allativ + Elativ: Kalle kertoo *minulle kirjasta*
    ‚Karl erzählt mir von dem Buch‘
Akkusativ/Partitiv + Illativ: Äiti totuttaa *lapset/lapsia siisteyteen*
    ‚Die Mutter gewöhnt (die) Kinder an Sauberkeit‘

Bei einem dreiwertigen Verb kann ein Akkusativobjekt (im Finnischen auch der Partitiv) auch mit einer Adverbial- oder Prädikativergänzung verbunden werden:

Akkusativobjekt (im Finnischen auch Partitiv) + Raumergänzung:
    Er legte *das Buch auf den Tisch*
    He put *the book on the table*
    Hän pani *kirjan/kirjoja pöydälle*
Akkusativobjekt (im Finnischen auch Partitiv) + Objektsprädikativ:
    Er nannte *mich einen Faulenzer*
    Er called *me an idler*
    Hän nimitti *minua laiskuriksi*

3. Zu den Adverbialergänzungen

Bei der Adverbialergänzung wird die Form (z.B. Kasus oder Präpositionalver-knüpfung) nicht primär vom Verb, sondern von der Bedeutung der Substantiv-phrase determiniert:

Er wohnt *in München*
    auf dem Lande
    am Rhein
    bei seiner Schwester

Obgleich die Form der Adverbialergänzung primär von dem darin enthaltenen Substantiv bestimmt wird, wird sie doch insofern vom Verb determiniert, als ein Lage- und ein Richtungsverb verschiedene Kasus (Präpositionen) verlangen:

Ich wohne *in der Stadt*   –   Ich fahre *in die Stadt*
Ich wohne *bei meinen Eltern*   –   Ich fahre *zu meinen Eltern*
Asun *kaupungissa* (Inessiv)   –   Matkustan *kaupunkiin* (Illativ)

Das Objekt ist immer valenzgebunden, also eine Ergänzung. Das Adverbial kann eine Ergänzung (valenzgebunden) oder eine Angabe (frei) sein. Deswegen ist es wichtig, die Adverbialergänzung von der Adverbialangabe zu unter-scheiden. Im Satz *Ich wohne in München* ist *in München* eine Adverbialergän-zung, während es im Satz *Ich habe ihn in München gesehen* eine Adverbial-angabe ist. Die Adverbialangabe ist eine freie Angabe, die nicht vom Verb verlangt wird und nicht zum Stellenplan des Verbs gehört. Sie kann in der Regel auf einen ganzen Satz zurückgeführt werden und bildet eine eigene Prädikation:

Ich habe ihn *in München* gesehen →
Ich habe ihn gesehen. *Es geschah in München*

Die Adverbialergänzung kann nicht auf einen Satz zurückgeführt werden, sondern bildet ein Argument des Prädikats:

wohnen (x, y), wobei *wohnen* das Prädikat, x (= *Er*) und y (= *in München*) seine Argumente sind.

Die Adverbialergänzung kann obligatorisch oder fakultativ sein:

Er wohnt *in München* (obligatorisch)
Der Zug fährt (*von München*) ab (fakultativ)

Die Adverbialergänzung kann auch zusammen mit einem Objekt auftreten:

Er legt *das Buch auf den Tisch*

Im Unterschied zum Objekt ist die Adverbialergänzung eine klare inhaltliche

Kategorie: Raumergänzung, Zeitergänzung, Modalergänzung und Begründungsergänzung.

1. R a u m e r g ä n z u n g e n bilden die größte Gruppe der Adverbialergänzungen. Sie können in statische Adverbiale oder Situativergänzungen
(Frage: wo?) und direktive Adverbiale oder Direktivergänzungen (Frage:
wohin? woher?) eingeteilt werden. Die statischen Adverbiale sind meist
obligatorisch, während die direktiven Adverbiale oft fakultativ sind:

Er wohnt *in München* (Statisches Adverbial)
He lives *in Munich*
Hän asuu *Münchenissä*
Er fährt *nach München* (Direktives Adverbial)
He is going *to Munich*
Hän matkustaa *Müncheniin*

2. Die Z e i t e r g ä n z u n g e n — meist obligatorisch — sind sehr selten,
normalerweise sind die Zeitbestimmungen freie Angaben:

Unser Urlaub dauert *fünf Tage*
Our holidays last *five days*
Lomamme kestää *viisi päivää*

3. Die A r t e r g ä n z u n g e n bezeichnen die Art und Weise eines Geschehens. Sie sind fast immer obligatorisch, sie kommen aber bei ziemlich wenigen
Verben vor, und zwar vor allem bei Verben des Benehmens:

Er benimmt sich *schlecht*
He behaves *badly*
Hän käyttäytyy *huonosti*

4. Die B e g r ü n d u n g s e r g ä n z u n g e n (z.B. kausale und finale) sind
äußerst selten; die Begründungsbestimmungen sind meistens freie Angaben:

Der Mann ging *fischen* (Finalergänzung)
The man went *fishing*
Mies meni *kalastamaan*

Der Form nach sind die Adverbialergänzungen unterschiedlich. Im Deutschen
können folgende formale Gruppen unterschieden werden:

1. Ein Präpositionalgefüge:

Er befindet sich *in Frankfurt*
Er lebt *auf dem Lande*

2. Ein Adverb, das ein selbständiges Adverb oder eine Anapher sein kann:

56

Die Sitzung dauerte *lange* (selbständiges Adverb)
Er wohnt *dort* (Anapher)

3. Ein Substantiv im Akkusativ oder Genitiv:

Die Sitzung dauerte *eine Stunde*
Er ging *seiner Wege*

4. Ein unflektiertes Adjektiv:

Er benimmt sich *schlecht*

5. Eine *wie*-Konstruktion:

Mein Bruder benahm sich *wie ein Lump / wie toll*

6. Ein Infinitiv:

Er geht *einkaufen / schwimmen / tanzen ...*

7. Ein Nebensatz (Gliedsatz):

Die Sitzung dauerte, *bis wir alle müde waren*
Horst wohnt, *wo gestern der Waldbrand war*

3.3.1.3 Die Prädikativergänzung

Die Prädikativergänzung[49] weicht in der Hinsicht vom Subjekt, Objekt und Adverbial ab, daß sie syntaktisch vom Verb verlangt wird, aber gleichzeitig eine rein logisch-semantische zusätzliche Konnexion zum Subjekt oder Objekt hat, sich darauf bezieht:

Mein Bruder ist *ein Künstler / faul*
Ich nannte meinen Bruder *einen Künstler / faul*

Das substantivische Prädikativ hat zum Subjekt und Objekt in vielen Sprachen auch eine formale, syntaktische Beziehung, weil es mit ihm im Numerus

---

49 Tarvainen (1976b) 293f. und (1979) 128f.; Engelen (1975) I 148f.

kongruieren kann. In einigen Sprachen kongruiert auch das adjektivische Prädikativ mit dem Subjekt (z.B. im Französischen und Finnischen):

Der Mann ist *ein guter Lehrer/gut*   (das Substantiv kongruiert,
Die Männer sind *gute Lehrer/gut*   das Adjektiv nicht)
Ich nannte *den Mann einen Faulenzer/faul*
Ich nannte *die Männer Faulenzer/faul*
The man is *a good teacher/good*
The men are *good teachers/good*

Ce livre est *nouveau*
Ces livres sont *nouveaux*   (Kongruenz im Numerus)

La petite fille est *gentille*
Le petit fils est *gentil*

(Im Französischen kongruiert das adjektivische Prädikativ mit dem Subjekt nicht nur im Numerus, sondern auch im Genus)

Poika on pieni ‚Der Junge ist klein'
Pojat ovat *pieniä*   ‚Die Jungen sind klein'   (Kongruenz im Numerus)

Traditionell und noch heute in vielen Grammatiken wird das Prädikativ als ein nicht verbaler Teil des Prädikats angesehen:

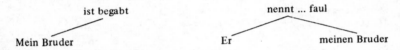

Diese traditionelle deutsche Auffassung geht darauf zurück, daß vor allem das wichtigste prädikative Verb *sein* (vgl. engl. *to be*, franz. *être*, finn. *olla*) eine „bedeutungsleere" Kopula und also kein selbständiges Prädikat sei und das Prädikativ den eigentlichen Bedeutungsträger darstelle. Es gibt aber Kriterien, die es erlauben, die Prädikativergänzung als ein eigenes Satzglied anzusehen und ihm denselben Rang wie z.B. dem Subjekt einzuräumen:

1. Das Verb *sein* (*to be* usw.) ist nicht völlig bedeutungsleer. Es hat eine allgemeine Bedeutung: ‚Zustand, Identität'. Es ist auch ein Mitglied eines Paradigmas, so daß es im Vergleich mit anderen prädikativen Verben einen eigenen Inhalt haben muß:

Er *ist* fleißig
    wird
    scheint
    bleibt

Das kopulative Verb hat auch dieselben grammatischen Funktionen (z.B. Modus und Tempus) wie auch die anderen Prädikate:

Er *ist/war/wäre/ist gewesen* – fleißig

58

Nicht alle diese Funktionen hat *sein*, wenn es als Hilfsverb fungiert:

Er *ist* gekommen
*Er *ist* gekommen *gewesen* (diese perfektive Form ist in der Hochsprache nicht möglich, weil *ist gekommen* schon ein transformiertes Tempus ist).

Das oben Gesagte spricht dafür, daß *sein* (und *werden* usw.) als Prädikat und das Prädikativ als ein selbständiges Satzglied betrachtet werden kann.

2. Das Prädikativ ist mehr oder weniger anaphorisierbar (das ist z.B. das Partizip Perfekt als Prädikatsteil nicht):

Mein Bruder ist *ein Künstler / faul*
      es   *so*
Mein Bruder ist *gekommen / *so*
You are young, and *so* am I; Is he *a teacher*? *That* he is.

3. Auf das Prädikativ lassen sich solche Nominaltransformationen anwenden, die auf andere Satzglieder (z.B. Objekt und Adverbial) und meist auch auf Prädikatsteile nicht anwendbar sind:

Mein Bruder ist *ein Künstler* – Mein Bruder, *ein Künstler* (Apposition)
Mein Bruder ist *faul* – mein *fauler* Bruder (Adjektivattribut)
(vgl. Mein Bruder hat gefragt – *Mein gefragter Bruder;
doch: Mein nach Hause gekommener Bruder).

Wie oben schon angedeutet wurde, unterscheidet man nach dem logisch-semantischen Bezugswort der Prädikativergänzung zwischen Subjektsprädikativ und Objektsprädikativ. Das Subjektsprädikativ bezieht sich auf das Subjekt, das Objektsprädikativ auf das Objekt.

Mein Bruder ist *ein Künstler* (Subjektsprädikativ)
Ich nannte meinen Bruder *einen Künstler* (Objektsprädikativ)

Nach den Grundwortarten der Prädikativergänzung unterscheidet man zwischen einem substantivischen und einem adjektivischen Prädikativ:

Mein Bruder ist *ein Künstler* (substantivisches Prädikativ)
Mein Bruder ist *faul* (adjektivisches Prädikativ)

Die Hauptform des substantivischen Subjektsprädikativs ist ein Substantiv im Nominativ (im Englischen in der Grundform), die des substantivischen Objektsprädikativs ein Substantiv im Akkusativ (im Englischen wieder in der Grundform). Die Hauptform des adjektivischen Prädikativs ist ein Adjektiv in der Grundform („reines Adjektiv"). Außer diesen Normalformen besitzt die Prädikativergänzung viele andere Realisierungsformen. So weist zum Beispiel das deutsche Subjektsprädikativ recht viele Formen auf:

Mein Bruder ist *ein großer Künstler* (Substantiv im Nominativ)
Mein Bruder ist *begabt* (Adjektiv in der Grundform)

Er gilt *als/für dumm* (*als*- oder *für*-Konstruktion)
Er wurde *zum Dieb* (*zu*-Konstruktion)

Zeus verwandelte sich *in einen Schwan* (*in*-Konstruktion)
Er ist *von hohem Stande* (*von*-Konstruktion)

Der Ring ist *aus Gold* (*aus*-Konstruktion)
Er ist *hohen Mutes* (Substantiv im Genetiv)

Die Mühe war *umsonst* (Adverb)
Er heißt *wie sein Vater* (*wie*-Konstruktion)

Sein Ziel war, *Politiker zu werden* (Infinitiv)
Er bleibt, *wie er war* (Gliedsatz)

Auch im Englischen hat das Subjektsprädikativ mehrere Formen, wenn auch weniger als im Deutschen:

He is *a teacher* (Substantiv in der Grundform)
He is *old* (Adjektiv in der Grundform)
He looks *like an honest man* (*like*-Konstruktion)
He is *alive/at liberty* (Adverb oder „adverbiale" Präposit.-konstr.)
The water turned *into ice* (*into*-Konstruktion)
To be a member of the Space Club is *to be one of the most privileged citizens of the world* (Infinitiv)
His favourite pastime is *playing practical jokes* (-*ing*-Form)
The assumption is *that things will approve* (Gliedsatz)

Wenn alle diese Formen – auch beim Objektsprädikativ gibt es mehrere Formen – als Prädikativergänzungen akzeptiert werden, ist es klar, daß die Prädikativergänzung kaum rein formal definiert werden kann. Das Grundprinzip beim Definieren der Prädikativergänzung ist auch logisch-semantisch: Das Prädikativ bezieht sich auf das Subjekt oder Objekt, hat also zu ihm eine logisch-semantische Konnexion. Diese Konnexion unterscheidet die Prädikativergänzung vom Objekt, denn rein formal definiert müßte unser Prädikativ oft als ein Objekt angesehen werden – wird doch seine Form wenigstens in einigen Fällen deutlich vom Verb determiniert: *Ich halte ihn für einen Faulenzer* (logisch-semantisch ein Prädikativ, rein formal ein Präpositionalobjekt). Neben dem logisch-semantischen Prinzip ist jedoch auch ein rein grammatisches Prinzip von Bedeutung: das Prädikativ kongruiert in vielen Fällen mit dem Subjekt oder Objekt. Nach diesen zwei Prinzipien können wir der Prädikativergänzung folgende allgemeine Definition geben:

Die P r ä d i k a t i v e r g ä n z u n g ist eine substantivische oder adjektivische Konstruktion, die sich auf das Subjekt oder Objekt bezieht und in bestimmten Fällen – vor allem beim Substantiv – auch mit ihm kongruieren kann.

Die Prädikativergänzung muß von der Prädikativangabe unterschieden werden. Die Prädikativergänzung ist eine valenzgebundene Ergänzung des Prädikats, während die Prädikativangabe, die sich auch auf das Subjekt oder Objekt bezieht, frei in der Umgebung des Prädikats auftritt und eine freie Angabe darstellt. Ihr Unterschied kann auch durch die Dependenzstemmata zum Ausdruck gebracht werden: die Angabe steht in eckigen Klammern und im Stemma höher als die Ergänzungen und ihre Konnexion zum Verb wird durch ——x—— ausgedrückt:

Karl ist *gesund* (Prädikativergänzung)
Karl kam *gesund* an (Prädikativangabe)

Der Mann nannte Karl *faul* (Prädikativergänzung)
Der Mann traf Karl *verärgert* an (Prädikativangabe)

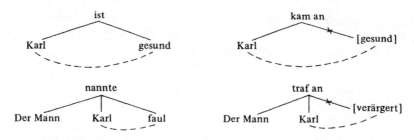

Das Subjektsprädikativ wird normalerweise mit dem Verb *sein* (engl. *to be*, schwed. *vara*, franz. *être*, russ. *byt'*) verbunden, mit dem auch das Substantiv im Nominativ und das Adjektiv in der Grundform meist vorkommen. Es handelt sich um den Ausdruck der ‚Identität‘, des ‚Zustands‘. Deswegen ist wohl der neutrale, dem Subjekt ähnliche Kasus Nominativ die Form des substantivischen Prädikativs bei *sein*. Man könnte vielleicht sagen, daß der Kasus des Prädikativs durch das Subjekt gesteuert wird. Das nominativische Subjektsprädikativ ist in der deutschen Grammatik auch „Gleichsetzungsnominativ" genannt worden. Der Prädikativsnominativ kommt jedoch auch bei anderen Verben vor, im Deutschen z.B. bei *werden, bleiben, scheinen, heißen*, im Englischen bei *to become, to remain* usw. (im Finnischen ist der Nominativ – neben Partitiv – nur bei *olla* ‚sein‘ möglich). Im Unterschied zu *sein* (*to be* usw.) haben diese Verben mehr Bedeutung als nur allgemein ‚Identität‘, ‚Zustand‘. So bedeutet *bleiben* z.B. ‚in einem bestimmten Zustand verharren‘ und *werden* ‚in einen bestimmten Zustand kommen‘: *Wir wollen Freunde bleiben; Er ist ein berühmter Gelehrter geworden.* Diese zusätzliche Bedeutung kann auch darin zum Ausdruck kommen, daß beim Prädikativ anstatt des neutralen Zustands-Kasus Nominativ oft eine andere Form auftritt. So kommt bei *werden* neben dem Nominativ auch *zu* vor, das die Veränderung des Zustands gut zum Ausdruck bringt: *Er ist zum Dieb geworden* (vgl. auch andere prädikative Verben des ,Werdens': *sich entwickeln zu, sich verwandeln in* usw.). Im Finnischen kommt bei diesen Verben immer ein Kasus derart vor, daß diese Sonderbedeutung zum Ausdruck kommt: *tulla ministeriksi* ,Minister werden' (Translativ), *pysyä ministerinä* ,Minister bleiben' (Essiv).

3.3.2   Sonderformen der Vollaktanten

3.3.2.1   Verbale Aktanten

Die verbalen Aktanten bestehen aus Infinitiven und Partizipien, im Englischen auch aus den *-ing*-Formen. Sie fungieren vor allem als Objekte, aber auch als Subjekte, Prädikativergänzungen und Adverbialergänzungen.

1. a) Als Grundform der verbalen Aktanten kann der Infinitiv ohne Infinitivpartikel (deutsch *zu*, engl. *to*, schwed. *att*) angesehen werden, der als ursprüngliches Objekt eines Modalverbs auftritt:

Er kann *lesen*
He can *read*
Han kann *läsa*
Hän osaa *lukea*

b) In einigen Sprachen steht vor dem Infinitiv als einem Objekt eine translativische Partikel, wobei der Infinitiv meist ein Nominalobjekt ersetzt:

Die Hausfrau beginnt *zu arbeiten* (Äquivalent des Akkusativobjekts:
Die Hausfrau beginnt *ihre Arbeit*)
Er befleißigte sich, *höflich zu sein* (Äquivalent des Genitivobjekts:
Er befleißigte sich *großer Höflichkeit*)
Er fürchtet sich, *zum Zahnarzt zu kommen* (Äquivalent des Präpositionalobjekts:
Er fürchtet sich *vor dem Zahnarzt*)
He began *to work* (He began *the work*)

Nur in sehr wenigen Fällen ist der *zu*-Infinitiv die einzige Objektsmöglichkeit bei einem Verb:

Er weigerte sich, *mir zu helfen*

Im Englischen und im Finnischen kann dem Infinitiv auch ein Fragewort vorangehen, wobei das Infinitivobjekt einem indirekten Fragesatz entspricht:

He wondered *what to do*
Hän ei tiennyt *mitä vastata*
,Er wußte nicht, was er antworten sollte'

Der Infinitiv kann als „logisches Subjekt" den Akkusativ eines Substantivs oder Pronomens haben (Accusativus cum infinitivo):

Ich sehe *ihn kommen*
Did you see *him go out*
I wish *him to go*

Im Finnischen entspricht dem „normalen" Infinitiv der germanischen Sprachen oft auch der 3. Infinitiv, der in Kasus (Elativ und Illativ) dekliniert wird:

Hän kieltäytyi *tulemasta* (Elativ des 3. Infinitivs)
‚Er weigerte sich zu kommen'
Hän suostuu *tulemaan* (Illativ des 3. Infinitivs)
‚Er will kommen'

c) Der Infinitiv kann auch als Subjekt und Prädikativ auftreten:

Sehen heißt *glauben*
To see is *to believe*
Dieses Buch zu lesen ist schwierig

Im Finnischen kann ein Infinitivsubjekt den Satz nicht beginnen (oft wird anstatt des Infinitivs das sog. Verbalsubstantiv auf -*minen* verwendet):

On vaikeaa *lukea tämä kirja*
(**Lukea tämä kirja* on vaikeaa; vgl. deutsch:
Es ist schwierig, dieses Buch zu lesen)

Tämän kirjan lukeminen on vaikeaa
Eigentlich: ‚Das Lesen dieses Buches ist schwierig'

d) Als Adverbialergänzung ist der Infinitiv selten. Im Deutschen kommt sie bei Verben wie *gehen, fahren, reiten, führen, schicken* vor und stellt eine Finalergänzung dar:

Sie gehen *baden/spielen/einkaufen*
Die Mutter schickte das Kind *Milch und Butter holen*

Im Finnischen erscheint hier der 3. Infinitiv, der mit den meisten Bewegungsverben verbunden werden kann:

Minä tulen/menen/ajan/ratsastan *auttamaan häntä* (Illat.)
‚Ich komme/gehe/fahre/reite ihm helfen'

Auch der Elativ des 3. Infinitivs ist im Finnischen möglich:

Hän tulee *kalastamasta*
‚Er kommt vom Fischen'

2. Für das Finnische ist typisch eine Partizipialkonstruktion, die als Objekt steht und einen Nebensatz ersetzt:

Tiedän *hänen* (logisches Subjekt) *tulevan* (1. Partizip)
‚Ich weiß, daß er kommt', eigentlich: ‚Ich weiß ihn kommen'

Tiedän *hänen tulleen* (2. Partizip)
‚Ich weiß, daß er gekommen ist'

Diese Konstruktion entspricht dem deutschen Accusativus cum infinitivo, kommt aber bei viel mehr Verben als im Deutschen (*sehen, hören, spüren, fühlen*) vor (z.B. *tietää* ‚wissen', *luulla* ‚glauben').

Im Deutschen ist ein Partizip nur als Subjekt und Prädikativ möglich:

Aufgeschoben ist nicht *aufgehoben*

3. Im Englischen kommt als Nebenform oder anstatt des Infinitivs oft die sog. -*ing*-Form (Gerundivum) vor, und zwar als Objekt, Subjekt, Prädikativergänzung und Adverbialergänzung:

Have you finished *reading the paper* (Objekt)
Seeing (Subjekt) is *believing* (Prädikativ)
Reading the paper seems to suit him (Subjekt)
I'll go *shopping* (Adverbialergänzung)
I don't come *swimming and sailing with you* (Adverbialergänzung)

Wie der Infinitiv kann auch das -*ing*-Objekt ein logisches Subjekt bei sich haben:

Would you mind *his/him opening the window*?
Do you remember *me asking you that before*?

Diese Konstruktionen entsprechen der finnischen Partizipialkonstruktion (vgl. *Tiedän hänen tulevan*) und kommen wie diese bei viel mehr Verben vor als die deutsche Accusativus-cum-infinitivo-Konstruktion.

4. Wenn das Verb eine bestimmte Präposition verlangt (Präpositionalobjekt), gibt es Unterschiede zwischen verschiedenen Sprachen, wenn das Objekt ein verbaler Aktant ist. Im Deutschen erscheint vor der Infinitivkonstruktion als Formwort (Korrelat) normalerweise ein Pronominaladverb, das die Rektion des Verbs zeigt. Das Pronominaladverb kann obligatorisch oder fakultativ sein:

Der Lehrer achtet *darauf, verständlich zu sprechen*
Die Mutter beauftragt die Kinder *(damit), die Wäsche zu waschen*

Im Englischen ist das Objekt eine -*ing*-Form, der die Präposition ohne Formwort vorangeht:

64

He is thinking *of buying a car*
I insist *on being allowed to go*

Im Deutschen kann das Formwort bei einigen Verben auch dann erscheinen, wenn das Infinitivobjekt ein Akkusativobjekt ersetzt. Das Formwort ist ein obligatorisches oder fakultatives *es*:

Ich schaffe *es, die Arbeit zu beenden*
Wir lehnen *es* ab, *ihm nochmals Geld zu leihen*
Ich wage (*es*) nicht, *meinen Vater zu fragen*
Er behauptet (*es*), *mich zu lieben*

Im Englischen und Finnischen wird hier das Formwort nicht verwendet:

He preferred *not to come*
Hän piti parempana *olla tulematta*

Auch auf eine als Subjekt fungierende Infinitivkonstruktion kann mit einem Formwort (*es, it*) verwiesen werden:

Es ist nützlich, *fremde Sprachen zu lernen*
It's useful *to learn foreign languages*
It's been a pleasure *meeting you*

3.3.2.2 Satzförmige Aktanten

Während der verbale Aktant eine je nach der Sprache wechselnde Kategorie ist, sind die satzförmigen Aktanten einander ähnlich. Sie sind *daß*- (*that, att, että*) -Sätze und indirekte Fragesätze, nur ausnahmsweise kommen andere Nebensätze vor. Die satzförmigen Aktanten sind meist Objekte und Subjekte, sie können aber auch als Prädikativ- und Adverbialergänzungen auftreten.

1. Als Objekte stehen *daß*-Sätze und indirekte Fragesätze, die normalerweise ein nominales Objekt ersetzen:

Ich sah, *daß er kam* (Äquivalent des Akkusativobjekts: Ich sah *ihn*)
I saw *that he was coming*
Näin, *että hän oli tulossa*

Er fragte, *ob der Mann gekommen sei* (Äquivalent des Präpositionalobjekts: Er fragte *nach dem Weg*)
He asked *if the man came*
Hän kysyi, *tuliko mies*

Der Boxer rühmt sich, *daß er unschlagbar sei* (Äquivalent des Genitivobjekts: Er rühmt sich *seines Erfolges*)

65

Dem Dativobjekt des Deutschen kann nur ein verallgemeinernder Nebensatz entsprechen:

Ich helfe, *wem ich will* (Ich helfe *ihm*)

Bei einigen Verben ist das *daß*-Objekt im Deutschen durch ein Infinitivobjekt, im Finnischen das *että*-Objekt durch ein Partizipobjekt ersetzbar:

Er bestreitet, *daß er den Mann kennt*
Er bestreitet, *den Mann zu kennen*
Hän kieltää, *että hän tuntisi miehen*
Hän kieltää *tuntevansa miehen*

2. Auch als Subjekt kommen der *daß*-Satz, der indirekte Fragesatz und der verallgemeinernde Nebensatz vor:

Daß du hier bist, freut mich
Minua ilahduttaa, *että olet täällä*
That she is still alive is a consolation
Ob es gelingt, ist unsicher
On epävarmaa, *onnistuuko se*
Whether we need it is a different matter
Wer der beste ist, gewinnt
Kuka on paras, se voittaa

3. Die gleichen Nebensatztypen, die als Subjekt fungieren, können auch als Prädikativergänzung auftreten:

Meine Annahme ist, *daß er kommt*
Olettamukseni on, *että hän tulee*
The assumption is *that the things will approve*

Die Frage ist nicht, *wer geht*, sondern *wer bleibt*
Kysymys ei ole, *kuka menee*, vaan *kuka jää*
The problem is not *who will go* but *who will stay*

Er ist jetzt, *was er sein kann*
Hän on nyt, *mitä hän voi olla*
He is now *what he can be*

Auch ein *als ob* (*as if, kuin*)-Satz kann als Prädikativergänzung auftreten:

Er sieht aus, *als ob er krank wäre*
Hän näyttää siltä, *kuin hän olisi sairas*

4. Als Adverbialergänzung kommen der verallgemeinernde Lokalsatz und der temporale *bis-* (*until-*) Satz vor:

Er geht, *wohin ich gehe*
Hän menee, *minne minä menen*
Stay *where you are*

Die Sitzung dauerte, *bis wir alle müde waren*
Istuntoa kesti, *kunnes kaikki väsyimme*
I shall stay *until I'll have finished the work*

5. Wie ein verbaler Aktant kann auch ein satzförmiger Aktant ein Formwort (Korrelat) verlangen.

a) Als Korrelat eines das Präpositionalobjekt ersetzenden Nebensatzes kommt im Deutschen ein Pronominaladverb, eines als Akkusativobjekt fungierenden Nebensatzes das Pronomen *es* vor:

Der Lehrer achtet *darauf, daß niemand abschreibt*
Er fragte *(danach), ob er reisen sollte*
Er schafft *es, daß er die Arbeit abschließt*
Alle haben (*es*) gesehen, *daß er krank war*

Im Englischen kommt kein Formwort vor: vor einem indirekten Fragesatz als Äquivalent eines Präpositionalobjekts steht die Präposition allein, vor einem *that*-Satz wird auch sie weggelassen:

He objected *to what had been decided*
He objected *that they had already met*

b) Vor einem verallgemeinernden Nebensatz kann auch ein Korrelat stehen, vor einem Objekt-, Subjekt- und Prädikativsatz ein neutrales Pronomen (*das*), vor einem Adverbialsatz ein Adverb:

Er tut *(das), was ich verlange*
(Das), was er tut, ist richtig
Er ist jetzt *das, was er sein kann*
Er geht *(dorthin), wohin ich gehe*
Er fährt *dorthin, wo ich im letzten Jahr war*

3.3.3   Rein formale Aktanten und Aktantenteile

Zu den rein formalen Aktanten gehören z.B. das unpersönliche *es*[50] (engl. *it*, schwed. *det*) und das englische *there*, als formaler Aktantenteil kann im Deutschen auch ein Pronominaladverb fungieren.

1. Die Valenzforscher sind sich nicht darüber einig, ob das sog. formale Subjekt

---

50 Tarvainen (1973) 26f.

(*es regnet*) und das sog. formale Objekt *es* (*Er meint es gut*) als valenzgebundene Ergänzungen des Verbs anzusehen sind. Einige betrachten dieses unpersönliche *es* immer als Aktanten, während nach anderen z.B. das Subjekt *es* (engl. *it*, schwed. *det*) nur dann als Aktant gilt, wenn es durch ein Substantiv ersetzbar ist. So wäre das deutsche *es* eine Ergänzung im Satz *Es klopft*, weil es durch ein Substantiv substituierbar ist: *Der Mann klopft*. Dagegen wäre *es* kein Aktant im Satz *es regnet*, weil hier die Substitution nicht möglich ist.

Die Sätze *Es klopft* und *Es regnet* bilden jedoch in der Hinsicht eine einheitliche Gruppe, daß in beiden das Pronomen *es* nicht weggelassen werden kann. Faßt man das finite Verb als strukturelles Zentrum des Satzes auf, so scheinen sowohl *klopft* als auch *regnet* immer eine strukturelle Leerstelle um sich herum zu eröffnen, deren Ausfüllung durch *es* eine Voraussetzung für die Grammatikalität des Satzes ist, obgleich sich hier die strukturelle und die semantische Ebene gar nicht (*Es regnet*) oder nur indirekt (*Es klopft*) decken. Ist *es* auch im Satz *Es klopft* substituierbar (z.B. *Der Mann klopft*), im Satz *Es regnet* aber nicht – weglassen kann man es in beiden nicht, ohne daß die Grammatikalität des Satzes gefährdet wird. Falls man unter dem Aktanten des Verbs ein „selbständiges" Wort versteht, dessen Vorhandensein für die Grammatikalität des betreffenden Satzes notwendig ist, sei es auch ohne semantische Entsprechung, muß das nicht weglaßbare *es* auch bei Witterungsimpersonalia (*Es regnet*) als obligatorischer Aktant gelten. Dieses unpersönliche *es* kann, im Gegensatz zu den Vollaktanten mit einer referentiellen Bedeutung, ein f o r m a l e r A k t a n t genannt werden, der nur eine formale, rein syntaktische Funktion hat.

Will man die Witterungsimpersonalia als nullwertig ansehen, muß *es* als ein Bestandteil des Verbs gelten, den auch schon der Infinitiv (*regnen, schneien, donnern, blitzen* usw.) voraussetzt, um den betreffenden Begriff zum Ausdruck bringen zu können. So scheinen auch die deutschen Valenztheoretiker zu denken und *es* als vom Verb untrennbar zu betrachten. In den meisten Fällen ist *es* auch wirklich vorhanden, wenn das Verb im Infinitiv steht: *Hast du es schon blitzen sehen?* Anderseits gibt es aber auch Fälle, in denen *es* beim Infinitiv weggelassen werden kann: *Gott läßt (es) regnen*. Außerdem können die Witterungsimpersonalia unter Umständen, vor allem in bildlicher und übertragener Bedeutung, auch ein Substantiv als Subjekt haben:

Die Blüten schneiten von den Bäumen (bildlich)
Die Motoren donnern (übertragen)

Dies alles spricht dafür, daß die Lexeme *regnen, schneien, donnern, blitzen*, usw. allein ohne *es* als Verben mit einer eigenen Bedeutung, die auch bildlich oder übertragen gebraucht werden können, anzusehen sind. Somit wäre *es* ein rein syntaktischer Aktant, ohne eine Bedeutungskomponente des Verbs

68

zu bilden, wie sie z.B. der trennbare Teil bei den sog. trennbaren Verben ist (vgl. *Er steht auf ≠ Er steht*).

Bei den Witterungsimpersonalia ist das formale Subjekt *es* immer ein obligatorischer formaler Aktant. Im Deutschen gibt es aber auch Fälle, in denen *es* im Satzinnern fakultativ ist: *Mich friert (es)* (vgl. am Satzanfang: *Es friert mich; es* obligatorisch nur wegen der Wortstellung). In diesen Fällen, wo *es* nur in Spitzenstellung gebräuchlich und notwendig, aber auch im Satzinneren möglich ist, könnte man dem Pronomen *es* wohl den Wert eines fakultativen formalen Aktanten zuerkennen. Es ist aber bei dieser rein morphosyntaktischen Fakultativität zu beachten, daß sich der Inhalt des Satzes gar nicht verändert, wenn das fakultative *es* weggelassen wird (*Mich friert es = Mich friert*), während sonst beim Weglassen eines fakultativen Aktanten der Inhalt des Satzes verändert wird (*Er schreibt einen Brief ≠ Er schreibt*), obgleich der Verbinhalt an sich unverändert bleibt (,schreiben'). Ist aber *es* nur in Spitzenstellung möglich (*Es kommt mein Freund – Mein Freund kommt; Es wurde ihm geholfen – Ihm wurde geholfen*), dann ist *es* kein Aktant, denn es ist auch rein formal nicht vom Verb, sondern von der Wortstellung des Satzes abhängig: es ist ein von der Wortstellung des deutschen Aussagesatzes geforderter Platzhalter. Im Schwedischen kann das formale *det* in diesen Fällen auch im Satzinneren vorkommen und ist einem formalen Aktanten näher als das deutsche *es*:

schwed.	*Det* bor ingen här
dt.	*Es* wohnt niemand hier
schwed.	Bor *det* ingen här?
dt.	Wohnt ∅ niemand hier?
schwed.	Där kommer *det* en bil = Där kommer en bil
	,Dort kommt ein Auto'

Auch das unpersönliche Objekt *-es* (z.B. *Der Lehrer meint es gut*) wird z.B. von Helbig nicht als Aktant angesehen, weil es nicht durch ein Substantiv substituierbar ist. Wie dem formalen Subjekt könnte man jedoch auch hier dem Pronomen *es* den Wert eines rein formalen Aktanten zusprechen. Seine Bindung an das Verb dürfte jedoch enger sein als die Bindung des formalen Subjekts an das Prädikat, so daß es vielleicht auch als Bestandteil des Verbs angesehen werden könnte.

Im Finnischen hat das formale *es* in der Regel keine Entsprechung:

Es regnet – Sataa
Ich meine es gut – Tarkoitan (–) hyvää

In der Umgangssprache ist dagegen ein formales Subjekt oft nachweisbar:

Kyllä *se* sataa ,Es regnet ja'

Außer den Pronomina *es, det, it* usw. kommen in einigen Sprachen auch andere formale Aktanten vor. Für das Englische typisch ist der formale Aktant *there*, dessen Entsprechung in anderen germanischen Sprachen meist fehlt:

There are some books on the table
Are *there* any books on the table?

Vergleichbar in seiner Funktion mit dem englischen *there* ist das dänische *der*:

Der bor en bager på Nørregade
,*Es* wohnt ein Bäcker auf der Norderstraße'

Weiterhin ist hier besonders auch das niederländische Äquivalent *er* ,da, es' zu erwähnen, das durch seine — sogar im Vergleich mit dem schwedischen *det* — häufige Verwendung im Satzinneren auffällt:

Is *er* nog keen krant gekomen?
,Ist noch keine Zeitung gekommen?'
Ieder burger moet weten, wat *er* in de wet geschreven staat
,Jeder Bürger muß wissen, was im Gesetz geschrieben steht'
Hij ziet *er* goed uit
,Er sieht gut aus'

2. Im Deutschen verweist das Pronomen *es* oft auch, obligatorisch oder fakultativ, auf ein Infinitiv- oder Nebensatzobjekt:

Ich schaffe *es, die Arbeit zu beenden*
Alle haben (*es*) gesehen, *daß er krank war*

Ähnlich wird auch das Pronominaladverb verwendet:

Der Lehrer achtet *darauf, daß niemand abschreibt*
Er fragte *(danach), ob er reisen solle*

In allen diesen Fällen besteht der Aktant aus dem Formwort (*es*, Pronominaladverb) und dem Nebensatz oder Infinitiv zusammen. Das Formwort ist der rein formale Teil des Aktanten (f o r m a l e r   A k t a n t e n t e i l), während der Infinitiv oder Nebensatz seinen inhaltlichen Teil darstellt:

es, die Arbeit zu beenden
(es), daß er kommt
darauf, daß niemand abschreibt
(danach), ob er reisen solle

Rein morphosyntaktisch ist das Formwort das Bezugswort, der Infinitiv oder Nebensatz sein Attribut. Das Verb verlangt syntaktisch eben das Formwort, so daß der Satz auch ohne den Infinitiv oder Nebensatz grammatisch wäre:

Er schafft *es*
Der Lehrer achtet *darauf*

Dann würde das Pronomen jedoch anders verstanden. Es wäre nicht mehr rein formal, sondern würde auf ein früher genanntes Bezugswort hinweisen. Das Pronomen *es* — wie auch das englische *it* — kann auch dann als formaler Objektsteil fungieren, wenn sich auf das Objekt ein Objektsprädikativ bezieht:

Ich hielt *es* für meine Pflicht, *Sie zu warnen*
I think *it* difficult to *understand him*
She made *it* a condition *that she should take the cure*

Einen Sonderfall der Valenzgebundenheit des Pronomens *es* (*it*) bilden Fälle, wo *es* in Sätzen mit einem Prädikativ in Spitzenstellung steht und auf einen Infinitiv oder Nebensatz verweist:

Es ist schwer, *ihm zu helfen*
It's useful *to learn foreign languages*

Es (*it*) kann hier ein Teil des Aktanten von *sein* (*to be*) sein: *es* Inf. (*es ... ihm zu helfen*). Das Pronomen könnte jedoch wohl auch als ein von der Wortstellung geforderter Platzhalter angesehen werden. Wenn aber *es* im Deutschen im Satzinneren erscheint, muß es als formaler Aktantenteil angesehen werden: *Schwer ist es, ihm zu helfen.*

Auch ein Adverb kann als formaler Aktantenteil erscheinen, wobei das Adverb und ein Nebensatz zusammen eine Adverbialergänzung bilden:

Er geht *(dorthin), wohin ich gehe*

Obgleich im Finnischen der formale Aktant (vgl. deutsches *es*) kaum vorkommt, ist der formale Aktantenteil auch im Finnischen häufig:

Valmistaudun *siihen*, että hän tulee (Illativ)
,Ich bereite mich *darauf* vor, daß er kommt'

Menen (*sinne*), minne hän menee
,Ich gehe (*dorthin*), wohin er geht'

4   Valenz des Adjektivs[51]

4.1   Begriff der Adjektivvalenz

Wie das Verb kann auch das Adjektiv um sich herum Leerstellen eröffnen, die durch obligatorische oder fakultative Aktanten (Ergänzungen) ausgefüllt werden:

> [Der Sohn] ist *seinem Vater* ähnlich (obligatorischer Aktant)
> [Der Mann] ist *des Diebstahls* schuldig (fakultativer Aktant)

In den obigen Beispielen sind *seinem Vater* und *des Diebstahls* Dependentien der Adjektive *ähnlich* und *schuldig*. Zwischen dem Adjektiv und seinem Aktanten herrscht also eine syntaktische Beziehung, in der das Adjektiv ein Regens darstellt. Wir verstehen also unter der Adjektivvalenz eine vom Adjektiv ausstrahlende Kraft, wobei der Aktant des Adjektivs immer sein syntaktisches Dependens sein muß:

ähnlich

↓ – Adjektivvalenz

seinem Vater (Aktant des Adjektivs)

Es gibt aber auch andere Auffassungen über die Valenz des Adjektivs.

1) Das Subjekt des Satzes wird als (obligatorischer) Aktant eines prädikativen Adjektivs aufgefaßt. Wir können dies mit einem Baumgraph verdeutlichen:

ist

Der Sohn   *ähnlich*

|

seinem Vater

In unserem Satz herrscht zwischen dem Verb *ist* und dem Subjekt *der Sohn* sowie dem Adjektiv *ähnlich* eine Konnexion ersten Grades, während die Konnexion zwischen *ähnlich* und *seinem Vater* eine Konnexion zweiten Grades ist, wobei *ähnlich* das Regens, *seinem Vater* das Dependens darstellt. Nach Sommerfeldt/Schreiber und Helbig hat das Adjektiv *ähnlich* zwei syntaktische Aktanten, nämlich sein Dependens *seinem Vater* und das Subjekt *der*

---

51 Erben (1972) 288 f.; Sommerfeldt/Schreiber (1971) 227 f. und (1974) 27 f.; Helbig (1976) 133 f.

72

Sohn. Wenn aber das Kopulaverb *ist* als Valenzträger aufgefaßt wird, kann das Adjektiv *ähnlich* keine syntaktische Konnexion zum Subjekt *der Sohn* haben, weil dieses schon einen syntaktischen Aktanten des Verbs *ist* darstellt. Das Subjekt kann nicht gleichzeitig zwei syntaktische Regentien haben (das Verb und das Adjektiv). Das Adjektiv *ähnlich* hat zwar eine Konnexion zum Subjekt *der Sohn*, sie ist aber rein logisch-semantisch (---), und das Subjekt kann somit nur als logisch-semantischer Aktant des Adjektivs *ähnlich* (oder des ganzen Syntagmas *ähnlich sein*) angesehen werden:

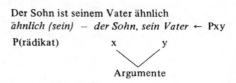

Die Auffassung, daß auch das Subjekt ein Aktant des Adjektivs wäre, ist auch widerspruchsvoll, weil dann der eine Aktant (*seinem Vater*) logisch-semantisch und syntaktisch, der andere (*der Sohn*) nur logisch-semantisch wäre (wenn also das Verb *sein* als selbständiges Verb und verbaler Valenzträger betrachtet wird, wie z.B. Helbig es tut).

2. Wenn das Adjektiv als Attribut steht, wird von Sommerfeldt/Schreiber auch sein Bezugssubstantiv als sein Aktant angesehen. Auch dies können wir mit einem Baumgraph verdeutlichen:

Das Adjektiv *ähnlicher* ist ein Dependens des Substantivs *ein Mann* und ein Regens des Substantivs *seinem Vater*. Wenn die Valenz als eine Dependenzrelation zwischen dem Adjektiv und seinem Dependens, also als eine vom Adjektiv ausstrahlende Kraft (Fügungspotenz), aufgefaßt wird, kann das Adjektiv *ähnlicher* nur *seinem Vater* als Aktanten haben. Sommerfeldt/Schreiber halten auch das Substantiv *ein Mann* für einen Aktanten von *ähnlicher*. Dann wird die Valenz nicht als eine vom Adjektiv nur ausstrahlende, sondern auch auf das Adjektiv zustrahlende Kraft verstanden. Die Valenz hätte also zwei Richtungen, vom Adjektiv aus und auf das Adjektiv zu:

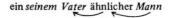

73

Bei der Valenz des Adjektivs liegen also zwei verschiedene Auffassungen vor. Wir — wie auch z.B. Erben — halten für Aktanten des Adjektivs nur seine abhängigen Bestimmungen, also seine syntaktischen Dependentien. Nach anderen Forschern — Sommerfeldt/Schreiber, Helbig — ist auch das logische Bezugswort des Adjektivs, d.h. das Subjekt des Satzes mit einem adjektivischen Prädikativ oder das substantivische Bezugswort des attributiven Adjektivs, als sein Aktant anzusehen. Dann sind aber bei der Betrachtung der Valenz die syntaktische und die logisch-semantische Ebene miteinander vermischt worden — wenn das Verb *sein* als Prädikat betrachtet wird. Wenn als Prädikat das ganze Syntagma Verb + Adjektiv *(ist ähnlich)* verstanden wird, dann kann auch das Subjekt als syntaktischer Aktant des adjektivischen Prädikats angesehen werden. Das Bezugswort des attributiven Adjektivs ist auch dann nicht als seine syntaktische Ergänzung aufzufassen.

4.2   Aktanten des Adjektivs

Wenn die Adjektivvalenz als eine vom Adjektiv ausstrahlende unterordnende Kraft aufgefaßt wird, wie sie oben dargestellt ist, wechselt die Anzahl der Aktanten von 0 bis 3 (die nullwertigen Adjektive haben keine Aktanten). Die Aktanten können obligatorisch oder fakultativ sein:

krank$_0$: Der Mann ist *krank*
ähnlich$_1$: Der Mann ist *seinem Vater ähnlich*
schuldig$_{(1)}$: Der Mann ist *(des Diebstahls) schuldig*
dankbar$_{(1) + (1) = (2)}$: Der Mann ist *(der Frau) (für das Geschenk) dankbar*

Obligatorisch zweiwertige Adjektive sind selten. Im Deutschen kann das Adjektiv *bewußt* zwei obligatorische Aktanten haben, von denen einer ein Reflexivpronomen im Dativ ist:

Ich bin *mir keiner Schuld bewußt*

Dreiwertige Adjektive sind sehr selten. Bisweilen kann im Deutschen das Reflexivpronomen als dritter Aktant fungieren:

(sich) (mit dem Vertragspartner) (über die Bestimmungen) einig

Das Adjektiv mit einem Aktanten kann sich als Prädikativ auch auf das Objekt beziehen:

Er nennt *mich des Diebstahls schuldig*

Das Adjektiv mit einem Aktanten kann ein Deverbativ sein. Dann wird die syntaktische Valenz des Verbs in der adjektivischen Ableitung um eine Einheit reduziert, denn das Adjektiv hat für das Subjekt des Verbs keine Entsprechung, die davon syntaktisch abhängig wäre:

bedürfen$_2$ – *Der Patient* bedarf *der Ruhe*
bedürftig$_1$ – Der Patient ist *der Ruhe* bedürftig
wohnen$_2$ – *Er* wohnt *in München*
wohnhaft$_1$ – Er ist *in München* wohnhaft

Die logisch-semantische Valenz ist im Falle des Verbs und des Adjektivs die gleiche:

logisches Prädikat → *bedarf*   *bedürftig*

der Patient   *der Ruhe*   *der Patient*   *der Ruhe*

Die Aktanten des Adjektivs können in zwei Gruppen eingeteilt werden, und zwar in objekt- und adverbialartige Ergänzungen. Wir können sie wohl Adjektivsobjekte und Adjektivsadverbiale nennen. Die Form des Adjektivsobjekts wird vom Adjektiv determiniert, während die Form des Adjektivsadverbials von dem darin enthaltenen Substantiv bestimmt wird. Die Anapher des Adjektivsobjekts ist ein Pronominaladverb oder Pronomen, die des Adjektivsadverbials ein Adverb:

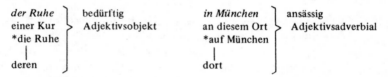

der Ruhe ⎫   *in München* ⎫
einer Kur   ⎬ bedürftig   an diesem Ort ⎬ ansässig
*die Ruhe ⎪ Adjektivsobjekt   *auf München ⎪ Adjektivsadverbial
  | ⎪ | ⎪
deren   ⎭   dort   ⎭

Die Adjektivsadverbiale sind selten:

Er war *in Ostpreussen* begütert
in Magdeburg beheimatet
in München wohnhaft
in Zürich heimatberechtigt

Die Adjektivsobjekte sind im Deutschen, was ihre Form betrifft, mit den Objekten des Prädikatsverbs vergleichbar: es kommen Kasus- und Präpositionalobjekte vor, die in einigen Fällen durch Infinitive und Nebensätze ersetzt werden können. Es können folgende Adjektivsobjekte unterschieden werden:

Dativobjekt: Ich bin *diesem Mann* fremd
Genitivobjekt: Er ist *des Diebstahls* schuldig
Akkusativobjekt: Ich bin *alle Sorgen* los
Präpositionalobjekt: *an*: Er ist *an dem Mädchen* interessiert
                       auf: Sie war eifersüchtig *auf ihre Schwester*

gegen: Ich bin mißtrauisch *gegen meinen Freund*
gegenüber: Ich bin mißtrauisch *gegenüber meinem*
    Freund
in: Er war *in das Mädchen* verliebt
    Er ist gewandt *in seinem Auftreten*
mit: Ich bin *mit den Einwohnern des Hauses* bekannt
nach: Sie war gierig *nach Obst*
über: Er ist *über seinen Erfolg* froh
um: Die Eltern waren *um ihr Kind* besorgt
von: Der Mann ist *von Vorurteilen* frei
vor: Sie ist krank *vor Sehnsucht*
zu: Er ist *zu dieser Aufgabe* fähig

Infinitivobjekt: Er ist fähig, *sich so zu verhalten*
Gliedsatzobjekt: Er ist würdig, *daß er ausgezeichnet wird*

Das Adjektiv kann auch zwei Objekte verlangen, wenn auch viel seltener als das Verb:

Er ist *dem Wirt zwei Mark schuldig*
Ich bin *dem Freund für die Hilfe* dankbar
Ich bin *mir keiner Schuld bewußt*

Wenn der Aktant des Adjektivs ein Infinitiv oder Gliedsatz ist, kann davor ein Formwort (Korrelat) erscheinen:

Ich bin (*es*) gewohnt, *ohne Pause durchzuarbeiten*

In diesen Fällen besteht der ganze Aktant aus dem Formwort und z.B. dem Infinitiv: *(es), ohne Pause durchzuarbeiten.*

Im Deutschen gibt es bei den Adjektiven drei Kasusobjekte (Genitiv, Dativ, Akkusativ). Im Englischen ist das Kasusobjekt (die Grundform des Substantivs oder im Falle eines Personalpronomens ein Akkusativ) sehr selten. Es kommt nur bei *like* und *worth* vor:

He is *like his brother/like me*
The car is *worth a thousand pounds*

Die Anzahl der Präpositionalobjekte im Englischen, die von Adjektiven gefordert werden, ist kleiner als die Anzahl der Präpositionalobjekte der Adjektive im Deutschen:

about: She was shocked *about his reaction*
at: She was bad *at mathematics*
in: She is interested *in languages*
of: She was aware *of his difficulties*
on/upon: He was insistent *on his rights*

to: He is subject *to criticism*

with: This plan is not compatible *with our principles*

Im Englischen gibt es mehrere Adjektive, die ein Infinitivobjekt fordern. Zum Beispiel die folgenden Typen haben keine infinitivische Entsprechung im Deutschen:

He is splendid *to wait*
He is slow *to react*

Für das Finnische charakteristisch sind verschiedene Kasusobjekte, die vor allem Präpositionalobjekten, aber auch Kasusobjekten des Deutschen entsprechen können:

tietoinen *asiasta*   ,sich der Sache bewußt' (Elativ)
perehtynyt *asiaan*   ,mit der Sache vertraut' (Illativ)
uskollinen *ystävälleen* ,ihrem Freund treu' (Allativ)
isänsä kaltainen ,seinem Vater gleich' (Genitiv)
kilometrejä pitkä ,Kilometer lang' (Partitiv)

5   Valenz des Substantivs[52]

5.1   Begriff der Substantivvalenz

Bei den Substantiven haben sich die Valenzforscher bis jetzt fast ausschließlich mit der Valenz der deverbativen und deadjektivischen Substantive, also der Ableitungen aus Verben und Adjektiven, beschäftigt. Deren Valenz spiegelt mehr oder weniger die Valenz der ihnen zugrundeliegenden Verben und Adjektive wider und wird von allen Forschern als eine syntaktische Valenz angesehen. Ob auch die weder deverbativen noch deadjektivischen Substantive eine syntaktische Valenz und somit Aktanten (Ergänzungen) haben, ist ein noch nicht endgültig gelöstes Problem. Nach Helbig zum Beispiel ist die Beziehung zwischen dem Attribut und seinem Bezugswort nur semantisch, während nach Teubert viele Substantive, die keine deverbativen und deadjektivischen Ableitungen sind, syntaktische Ergänzungen zulassen.

1. Bei den deverbativen Substantiven wird die Valenz durch die verbale Bedeutung des Verbs determiniert, so daß die Ergänzungen des Substantivs bestimmten Aktanten des Verbs entsprechen. So entspricht in dem attributiven Syntagma *der Dank des Jungen an den Vater* die Präpositionalgruppe *an den Vater* dem Objekt *dem Vater* im Satz *Der Junge dankt dem Vater*, während das Genitivattribut *des Jungen* dem Subjekt *der Junge* entspricht. Dies wird auch durch die Baumgraphen der beiden Konstruktionen gezeigt:

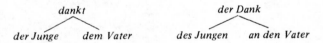

Die Aktanten der deverbativen Substantive sind meist fakultativ, obgleich die entsprechenden Aktanten des Verbs obligatorisch wären. So ist *des Jungen* beim Substantiv *der Dank* fakultativ, obwohl beim Verb das Subjekt obligatorisch ist:

Der Dank des Jungen an den Vater kam zu spät
→ *Der Dank an den Vater* kam zu spät
→ *Der Dank* kam zu spät

---

52 Sommerfeldt/Schreiber (1975) 112f. und Sommerfeldt/Schreiber (1978); Teubert (1979); Hartmann (1979).

Nach Ansicht der meisten Forscher haben die Substantive überhaupt keine obligatorischen Ergänzungen.

2. Bei den deadjektivischen Substantiven entsprechen die Ergänzungen bestimmten Objekten bei dem entsprechenden Adjektiv und dem Subjekt des entsprechenden Satzes mit Prädikativ:

> *Sein* Stolz *auf seine Heimat* ist groß
> ← *Er* ist stolz *auf seine Heimat*

3. Das Attribut eines nicht-deverbativen und -deadjektivischen Substantivs ist normalerweise eine freie Angabe, die eine zusätzliche Prädikation zum Substantiv darstellt:

> Die *schönen* Rosen sind verwelkt
> ← Die Rosen sind verwelkt. *Sie waren schön*

Nach Teubert sind aber viele Attribute auch Ergänzungen, z.B. der possessive Genitiv bei relationellen Begriffen (*der Vater des Mannes*) und einige partitive Genitive und Appositionen (*ein Glas guten Weins/guter Wein*). Wesentlich ist, daß es auch bei den Ergänzungen des nicht-deverbativen und -deadjektivischen Substantivs um Argumente eines substantivischen Prädikats im logischen Sinne geht und daß die Nominalkonstruktion auf eine verbale Konstruktion zurückgeführt werden kann, die von der Bedeutung des Substantivs nicht unabhängig ist:

> die Milch *bayrischer Kühe* (Ergänzung)
> ← *Die Kühe geben Milch*

Bei Angaben sind dagegen die sich bei der Verbaltransformation ergebenden verbalen Strukturen unabhängig von der Bedeutung des Bezugssubstantivs; sie sind keine Argumente eines substantivischen Prädikats, sondern stellen eine Zusatzprädikation zu ihrem Bezugssubstantiv dar:

> Sie fordern *einen Tisch zum Skatspielen* (Angabe)
> ← Sie fordern *einen Tisch, der zum Skatspielen geeignet ist*

5.2   Valenz der deverbativen Substantive

Die Aktantenattribute der deverbativen Substantive können nach dem Satzglied bei dem entsprechenden Verb in vier Gruppen eingeteilt werden:

1. Objektähnliche Attribute, die dem Objekt des Verbs entsprechen:

mein Dank *an diesen Mann*
← Ich danke *diesem Mann*
kiitokseni *tälle miehelle*
← Kiitän *tätä miestä*

2. Adverbialähnliche Attribute, die der Adverbialergänzung des Verbs entsprechen:

meine Reise *nach Italien*
← Ich reise *nach Italien*
matkani *Italiaan*
← Matkustan *Italiaan*

3. Prädikativähnliche Attribute, die der Prädikativergänzung des Verbs entsprechen:

Die Ernennung des Politikers *zum Botschafter*
← Der Politiker wird *zum Botschafter* ernannt

4. Subjektähnliche Attribute, die dem Subjekt des Satzes entsprechen:

die Ankunft *des Zuges*
← *Der Zug* kommt an
junan tulo
← *Juna* tulee

Wichtig und linguistisch interessant sind vor allem die Ergänzungen, die Präpositionalattribute (im Finnischen normalerweise Lokalkasusattribute) sind. Von den deutschen subjektähnlichen *durch*-Attributen und einigen prädikativähnlichen Attributen abgesehen können sie in zwei Hauptgruppen unterteilt werden: in objektähnliche und adverbialähnliche Attribute. Bei den objektähnlichen Attributen wird die Präposition oder im Finnischen der Kasus vom Substantiv determiniert — wie bei den Objekten vom Verb — und die Anapher ist ein Pronominaladverb oder ein Pronomen mit Präposition (im Finnischen ein Pronomen im Kasus):

seine Freude *an der modernen Musik*
|
daran

hänen ilonsa modernista *musiikista* (Elativ)
|
siitä

Bei den adverbialähnlichen Attributen wird die Präposition oder im Finnischen der Kasus von dem attributiven Substantiv selbst bestimmt (wie bei den Adverbialen des Verbs vom adverbialen Substantiv), und die Anapher ist ein Adverb:

80

Eine Reise *nach* Italien
in die Stadt
aufs Land
|
dorthin

matka Itali*aan* (Illativ)
kaupun*kiin* (Illativ)
maa*lle* (Allativ)
|
sinne

Die attributiven Entsprechungen der verschiedenen Satzglieder beim Verb sind folgende:

1. Dem Subjekt des Satzes entspricht im Deutschen und im Finnischen ein sog. subjektiver Genitiv, im Deutschen auch ein *durch*-Attribut:

Die Ankunft *des Zuges*
← *Der Zug* kommt an
Junan tulo
← *Juna* tulee
die Belagerung der Stadt *durch den König* (hier ist der subjektive Genitiv nicht möglich, weil der Satz schon einen objektiven Genitiv enthält: *der Stadt*)
← *Der König* belagert die Stadt

2. Bei den Objekten gibt es folgende Entsprechungen:

a) Die Entsprechung des Akkusativobjekts ist meist der sog. objektive Genitiv:

Die Zerstörung/der Zerstörer *Karthagos*
← Man zerstörte *Karthago*
(entsprechend auch im Finnischen)
beim Lesen *des Buches*
← Man liest *das Buch*

Bei einigen Substantiven entspricht im Deutschen dem Akkusativobjekt ein Präpositionalattribut (im Finnischen kommt hier als Entsprechung des Partitivobjekts auch ein Lokalkasusattribut vor):

Die Liebe *zu dem Kind*
← Sie liebt *das Kind*
rakkaus *lapseen* (Illativattribut)
← Hän rakastaa *lasta* (Partitivobjekt)

b) Das Dativ- und Genitivobjekt des Deutschen verwandeln sich in der Nominaltransformation in Präpositionalattribute:

Mein Dank *an diesen Mann*
← Ich danke *diesem Mann*
Das Beschuldigen des Angeklagten *wegen Diebstahls*
← Der Richter beschuldigte den Angeklagten *des Diebstahls*

Im Finnischen wird das dem deutschen Dativobjekt entsprechende Partitiv-objekt zu einem Allativattribut:

Kiitokseni *tälle miehelle* ‚Mein Dank an diesen Mann'
← Kiitän *tätä miestä* ‚Ich danke diesem Mann'

c) Beim Präpositionalobjekt bleibt die Präposition in der Nominaltransformation meist unverändert:

Der Kampf des Volkes *um die Freiheit*
← Das Volk kämpfte *um die Freiheit*
Die Freude des Herrn Meier *über mein Kommen*
← Herr Meier freut sich *über mein Kommen*

d) Den Infinitiv- und Nebensatzobjekten entsprechen normalerweise Infinitiv- und Nebensatzattribute:

Die Behauptung des Mannes, *den Beschluß erfüllt zu haben / daß er den Beschluß erfüllt hatte*
← Der Mann behauptete, *den Beschluß erfüllt zu haben / daß er den Beschluß erfüllt habe*

3. Die adjektivischen Prädikativergänzungen bleiben im Deutschen bei der Substantivierung nicht erhalten, sondern gehen in das Verbalsubstantiv ein, mit dem sie eine Zusammensetzung bilden:

Das *Gelb*werden der Blätter
← Die Blätter werden *gelb*
das Sich-*dankbar*-Erweisen des Herrn Schulze
← Herr Schulze erweist sich *dankbar*

Die substantivischen Nominativ- und Akkusativprädikative lassen sich normalerweise nicht attribuieren, die *als*- und *zu*-Konstruktionen bleiben in der Attribuierung erhalten:

die Bezeichnung des Autos *als Kiste*
← Das Auto wird *als Kiste* bezeichnet
Der Aufstieg des Sportlers *zum Weltmeister*
← Der Sportler steigt *zum Weltmeister* auf

4. Die Adverbialergänzung verändert sich nicht bei der Nominaltransformation, sondern wird zum entsprechenden adverbialähnlichen Attribut:

die Reise *nach Italien/dorthin*
← Er reist *nach Italien/*dorthin

Die adverbialähnlichen Attribute sind normalerweise Lokalattribute.

5.3   Valenz der deadjektivischen Substantive

Die syntaktische Valenz der deadjektivischen Substantive ist um eine Einheit
größer als die Valenz der ihnen zugrundeliegenden Adjektive:

Der Mann ist stolz *auf seine Heimat*
→ Der Stolz *des Mannes auf seine Heimat*

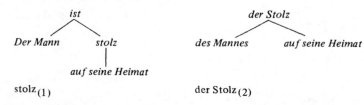

Die der Valenz des Adjektivs gemäße Ergänzung (*auf seine Heimat*) bleibt beim
Substantiv erhalten. Hinzu kommt das Subjekt des zugrundeliegenden Satzes,
das nur eine logisch-semantische Konnexion zum Adjektiv hat. Die syntaktische
Valenz des deadjektivischen Substantivs entspricht also der logisch-semantischen Valenz des Adjektivs. Der nur logisch-semantische Partner des Adjektivs
(das Subjekt) wird bei substantivischer Ableitung auch zu deren syntaktischem
Aktanten.

Dies trifft auch bei Ableitungen aus nullwertigen Adjektiven zu — das entsprechende Substantiv hat die Valenz 1:

Die Natur ist schön — schön$_0$
→ Die Schönheit *der Natur* — die Schönheit$_{(1)}$

Die Aktanten des deadjektivischen Substantivs sind subjekt- und objektähnliche Ergänzungen, d.h. sie entsprechen dem Subjekt des entsprechenden
Satzes mit einem adjektivischen Prädikativ und dem Objekt des Adjektivs.

1. Die Form des subjektähnlichen Attributs eines deadjektivischen Substantivs
ist der Genitiv (im Englischen auch der *of*-Genitiv), der einem nominativischen
Subjekt entspricht:

Der Stolz *des Mannes* ← Der Mann ist stolz
miehen ylpeys ← *Mies* on ylpeä
the man's pride (the pride *of the man*) ← *The man* is proud

2. Die objektähnlichen Attribute sind im Deutschen Präpositional- sowie (seltener) Infinitiv- und Nebensatzattribute, die den Präpositional-, Infinitiv- und Nebensatzobjekten der Adjektive entsprechen. Für das Finnische charakteristisch sind Lokalkasusattribute, die Lokalkasusobjekten der Adjektive entsprechen:

Der Stolz des Mannes *auf seine Heimat*
← Der Mann ist stolz *auf seine Heimat*
miehen ylpeys *kotiseudustaan* (Elativ)
← mies on ylpeä *kotiseudustaan*

seine Fähigkeit, *einen großen Betrieb zu leiten*
← Er ist fähig, *einen großen Betrieb zu leiten*
sein Ärger, *daß er dazu unfähig ist*
← Er ist verärgert, *daß er dazu unfähig ist*

Das Präpositionalattribut kann ab und zu auch einem Kasusobjekt beim Adjektiv entsprechen:

seine Dankbarkeit *gegen seinen Vater*
← Er ist *seinem Vater* dankbar

Wenn das Attribut ein Infinitiv oder Nebensatz ist, der einem Präpositionalattribut (Präpositionalobjekt beim Adjektiv) entspricht, kann vor ihm ein die Rektion zeigendes Formwort oder Korrelat erscheinen (Pronominaladverb im Deutschen, ein Pronomen im Lokalkasus im Finnischen, das allerdings nur vor dem Nebensatz steht):

sein Stolz *darauf, daß er einen solchen Sohn hat*
hänen ylpeytensä *siitä* (Elativ), *että hänellä on sellainen poika*
sein Ärger *[darüber], es nicht geschafft zu haben*

5.4   Valenz der nicht-deverbativen und -deadjektivischen Substantive

Die syntaktische Valenz der deverbativen Substantive beruht auf der syntaktischen Valenz der ihnen zugrunde liegenden Verben, während die syntaktische Valenz der deadjektivischen Substantive teils auf die syntaktische, teils auf die semantische Valenz der Adjektive zurückgeht. Die Valenz der anderen Substantive ist dagegen auf ihre eigene, substantivische Bedeutung zurückzuführen. Nach einigen Forschern wäre diese Valenz nur eine logisch-semantische Valenzbeziehung, der keine syntaktische Valenz entspräche. So wäre im Syntagma *der Sohn des Mannes* die Attributbeziehung nur ein „Verwandtschaftsverhältnis", eine rein logisch-semantische Beziehung. Die Attributbeziehung ist jedoch immer eine syntaktische Konnexion – *der Sohn* Regens, *des Mannes* Dependens.

Hier wird in Anlehnung an Teubert (s. oben S. 79) auch bei vielen „konkreten" Substantiven eine syntaktische Valenz angenommen. Es können im Deutschen wohl folgende Gruppen unterschieden werden.

1. Der partitive Genitiv (oder eine Ersatzkonstruktion):

die Hälfte *meines Vermögens/von meinem Vermögen*
eine Schar *spielender Kinder/spielende Kinder*
ein Glas *guten Weins/guter Wein*

2. Die meisten der sog. engen Appositionen:

Professor Schmidt
Karl *der Große*
die Stadt *Jyväskylä*
ein Glas *guter Wein*
(vgl. partitiver Genitiv)

3. Andere Fälle, die nach Teubert in verschiedene semantische Gruppen eingeteilt werden können (viele dieser Gruppen sind auch bei den oben syntaktisch definierten Ergänzungen der deverbativen Substantive nachweisbar), z.B.[53]

a) Agentivergänzung:

Die Milch *bayrischer Kühe*
(normalerweise bei Deverbativa: *die Ankunft des Mannes*)

b) Objektivergänzung:

Die Galapremiere *des Films*
(normalerweise bei Deverbativa: *beim Lesen des Buches*)

c) Experientivergänzung:

die Not *der unterentwickelten Länder*

d) Explikativergänzung:

das Gebiet *von Uljanovsk*

e) Personenergänzung:

Peters Vater

f) Themaergänzung:

meine Biographie *über Robert Bosch*
(auch bei Deverbativa: *der Bericht über seine Reise*)

---

53 Teubert (1979) 88f.

g) Beteiligtenergänzung:

seine Ehe *mit der Frau*

h) Sachergänzung:

der Vorrat *an Erdöl*

i) Situativergänzung:

der Botschafter *in Moskau*
(auch bei Deverbativa: *sein Aufenthalt in Moskau*)

j) Direktivergänzung:

ein Taxi *zum Bahnhof*
(normalerweise bei Deverbativa: *seine Fahrt zum Bahnhof*)

Einen Sonderfall der Ergänzungen der „konkreten" Substantive bildet der sog. Pertinenzdativ[54] (auch possessiver Dativ und sympathetischer Dativ genannt) der vor allem bei Körperteilsbezeichnungen vorkommt und oft zu den freien Dativen gezählt wird.

Ich klopfte *dem Mann* auf die Schulter

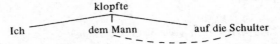

Vom Standpunkt des Verbs ist der Pertinenzdativ auch wirklich frei. Das Verb *klopfen* fordert nicht den Dativ *dem Mann*, sondern die Adverbialergänzung *auf die Schulter* (vgl. *Ich klopfe auf den Tisch*). Der Dativ ist jedoch für unseren Satz obligatorisch, denn das Substantiv *auf die Schulter* fordert ihn: der Satz *Ich klopfte auf die Schulter* ist kaum grammatisch. Der Pertinenzdativ wird normalerweise nicht als Attribut, sondern als ein eigenes Satzglied angesehen, weil es wie ein Satzglied seinen Platz im Satz wechseln kann:

Ich klopfe *dem Mann* auf die Schulter
Dem Mann klopfe ich auf die Schulter

Wenn der Pertinenzdativ als Satzglied angesehen wird, so hat es eine logisch-semantische Konnexion zu einem anderen substantivischen Satzglied und kann als dessen valenzgebundene Bestimmung, als Aktant angesehen werden.

---

54 v. Polenz (1969) 146 f.; Engelen (1975 Bd. 1) 120; Helbig/Buscha (1972) 496 f.; Duden (1973) 521 f.

6   Freie Angaben

Freie Angaben kommen sowohl bei Verben als auch bei Substantiven, Adjektiven und Adverbien vor:

> Ich habe ihn *gestern* gesehen (freie Angabe beim Verb)
> Er ist ein *reicher* Mann (freie Angabe beim Substantiv)
> Er ist *sehr* reich (freie Angabe beim Adjektiv)
> Er kommt *sehr* bald (freie Angabe beim Adverb)

Die Angaben treten frei in der Umgebung ihres Bezugsworts auf, sind nicht an seine Valenz gebunden und beeinflussen nicht die Subkategorisierung ihrer Bezugswörter. Bei Verben sind die freien Angaben sog. freie Satzglieder, während sie beim Substantiv, Adjektiv und Adverb sog. Bestimmungsteile der Satzglieder oder Attribute darstellen. Die freien Satzglieder und die Attribute der Substantive haben in bezug auf ihre Form und ihren Inhalt mehrere Gruppen, während die Angaben beim Adjektiv und Adverb ihrer Form und ihrem Inhalt nach sehr einheitlich sind.

6.1   Freie Angaben beim Verb (freie Satzglieder)[55]

6.1.1   *Wesen der freien Satzglieder*

Das Subjekt, das Objekt, die Adverbialergänzung und die Prädikativergänzung sind valenzgebundene Satzglieder, d.h. sie sind Ergänzungen des Prädikats, die zur subklassenspezifischen Distribution des Verbs gehören. Die freien Satzglieder kommen auch in der Umgebung des Prädikats vor, sie sind aber nicht durch die Valenz an das Verb gebunden. Das bedeutet, daß ihre syntaktischen Verwendungsmöglichkeiten nahezu unbegrenzt sind und daß sie bei Verben verschiedener Valenz als „Zusatzbestimmungen" auftreten können:

> [Heute] arbeitet er   – arbeiten 1
> Er hat mich [heute] gesehen   – sehen 2
> [Mir] sind die Blumen vertrocknet   – vertrocknen 1
> Man hat [mir] das Buch zerrissen   – zerreißen 2

Das Vorhandensein einer freien Angabe ist irrelevant für die Grammatizität

---

55 Tarvainen (1979) 143f.

des Satzes. Wenn man in einem Satz eine Angabe eliminiert, so bleibt der Satz grammatisch:

Er aß sein Brot *in der Schule* – Er aß sein Brot

Auch ein fakultativer Aktant kann eliminiert werden, ohne daß der Satz ungrammatisch wird:

Er wartete *auf seinen Freund* – Er wartete

Der fakultative Mitspieler trägt aber zur Subkategorisierung des Verbs bei (*warten* ist ein Verb mit *auf* + Akkusativ), während die freie Angabe dazu nicht beiträgt (trotz der freien Angabe ist *essen* ein Verb mit Akkusativ).

Obgleich die freien Satzglieder nicht zur valenzmäßigen Distribution des Verbs gehören, können sie kommunikativ wichtig sein. In unserem Satz *Er aß sein Brot in der Schule* kann die Adverbialangabe *in der Schule* kommunikativ das wichtigste Satzglied sein. Sie gibt wichtige Information wieder.

Die Objekte und die Subjekte sind immer valenzgebundene Satzglieder. Die Adverbiale und Prädikative können entweder valenzgebunden oder frei sein. Die freien Adverbiale werden Adverbialangaben (Umstandsangaben), die freien Prädikative Prädikativangaben genannt. Außer diesen zwei Bestimmungen gehört zu den freien Satzgliedern noch der sog. freie Dativ. Er muß vom Dativobjekt unterschieden werden.

1) Er wohnt *in Oulu* (Adverbialergänzung)
   Ich habe ihn *in Oulu* gesehen (Adverbialangabe)

2) Karl ist *gesund* (Prädikativergänzung)
   Karl kam *gesund* an (Prädikativangabe)

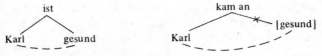

3) Sie gibt *ihrem Freund* ein Buch (Dativobjekt)
   Sie öffnet *dem Gast* die Tür (freier Dativ)

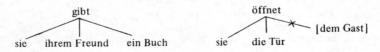

Die freien Satzglieder können in den meisten Fällen auf ganze Sätze zurückgeführt und als selbständige Prädikationen über den Satz betrachtet werden (vgl. oben S. 26f.):

Ich sah ihn *gestern/hier*
← Ich sah ihn. *Es geschah gestern/hier*

Zu den freien Satzgliedern könnten wohl auch die sog. Modalwörter gezählt werden:

Er ist *wahrscheinlich* in München

Ein Modalwort kann aber u.E. auch als Teil des Prädikats angesehen werden, weil es eine rein grammatische Funktion hat (Modus) und auch mit einem Modusmorphem (z.B. ein Modalverb) umschrieben werden kann:

Er *ist wahrscheinlich* in München =
Er *dürfte* in München *sein*

Obgleich die freien Satzglieder nicht durch die Valenz an das Verb gebunden sind, schließen sich einige von ihnen doch enger als andere an das Verb an. Nach der Enge der Bindung an das Verb können die freien Satzglieder in drei Gruppen eingeteilt werden. Am engsten an das Verb gebunden sind die Angaben I, dann folgen die Angaben II, und am losesten werden an das Verb die Angaben III gebunden:[56]

Angaben I
a) Artangabe: Der Junge läuft *schnell*
b) Adjektivische Prädikativangabe: Der Junge kam *froh* nach Hause
c) Freier Dativ: Der Mann öffnete *der Frau* die Tür
d) Einige Lokalangaben: Er fand das Buch *im Schrank*

Angaben II
a) Lokalangabe: Ich traf meinen alten Freund *in Helsinki*
b) Temporalangabe: Karl fährt *morgen* nach Helsinki
c) Kausalangabe: *Wegen des schlechten Wetters* blieben wir zu Hause
d) Substantivische Prädikativangabe: *Als reicher Mann* kam er zurück

Angaben III
a) Modalwörter: *Wahrscheinlich* kommt er morgen
b) Ethischer Dativ: Du bist *mir* ein fauler Karl

Am engsten sind an das Verb gebunden die Ergänzungen (Aktanten), dann kommen die Angaben in der obigen Reihenfolge. Nach der Enge der Bindung der Bestimmungen an das Verb kann ein „vollständiger Satz" in mehrere

---

56 Piitulainen (1980) 230f.

Konstitute zerlegt werden, die ihrerseits aus Konstituenten bestehen. Wir können dies mit folgendem Diagramm verdeutlichen: [57]

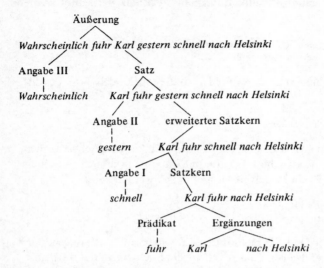

1. Das Konstitut „Satzkern" besteht aus den Konstituenten „Prädikat und seine Ergänzungen".

2. Das Konstitut „erweiterter Satzkern" besteht aus den Konstituenten „Satzkern und Angabe I".

3. Das Konstitut „Satz" besteht aus den Konstituenten „erweiterter Satzkern und Angabe II".

4. Das Konstitut „Äußerung" besteht aus den Konstituenten „Satz und Angabe III".

6.1.2 Die Adverbialangabe

Adverbialangaben[58] sind syntaktisch von der gesamten Verbklasse, nicht von ihren valenzbedingten Subklassen abhängig. Deswegen können sie meist bei Verben verschiedener Valenz auftreten:

[In Oulu] regnet es – regnen$_0$
Er starb *[in Oulu]* – sterben$_1$
Ich sah ihn *[in Oulu]* – sehen$_2$
[In Oulu] fragte ich einen Mann nach dem Weg – fragen$_3$

---

57 Piitulainen (1980) 232.
58 Tarvainen (1979) 145f.

Obgleich die freien Adverbialangaben syntaktisch beinahe in jedem Satz frei auftreten können, gibt es bei ihrem Auftreten einige Beschränkungen anderer Art:

1. Die Adverbialangaben sind nur in Grenzen der semantischen Restriktionen möglich: die Adverbialangabe muß semantisch mit dem Verb kompatibel sein:

*Er stirbt manchmal

2. Auch das Tempus verursacht einige Restriktionen:

*Er wird gestern kommen

Die Adverbialangabe ist eine freie Bestimmung des Verbs, deren Form (z.B. Kasus oder Präpositionalverknüpfung) nicht primär vom Verb, sondern vom Substantiv determiniert wird und die durch ein Adverb anaphorisierbar ist.
Die Adverbialangabe hat also Gemeinsamkeiten mit der Adverbialergänzung:

1. Ihre Form hängt nicht primär vom Verb ab.
2. Sie ist durch ein Adverb anaphorisierbar.

Adverbialergänzung:	Adverbialangabe
Er wohnt *in München*	Ich sah ihn *in München*
Er wohnt *in München*	Ich sah ihn *in München*
auf dem Hügel	*auf* dem Hügel
bei ihr	*bei* ihr
|	|
dort	dort

Die Adverbialangabe ist eine semantische Kategorie, die in Subkategorien eingeteilt werden kann. Jede Subkategorie ist auch durch einen Nebensatz realisierbar.

1. Raumangabe (Lokalangabe):

Ich sah meinen Freund *auf der Straße*
Ich fand das Buch, *wo ich es nicht vermutet hatte*

2. Zeitangabe (Temporalangabe):

Ich sah ihn *am Sonntagabend*
Während ich studierte, ging ich oft ins Theater
Er dachte an sie *eine Woche lang*
Solange ich ihn kenne, arbeitet er in diesem Betrieb

3. Artangabe (Modalangabe), z.B.

a) Angabe der Art und Weise:

Sie singt *schön*
Sie singt, *wie ihre Schwester singt*

b) Instrumentalangabe:

Er fährt *mit dem Auto* nach Köln
Er beruhigte das Kind, *indem er es streichelte*

c) Modalangabe des fehlenden oder begleitenden Umstands:

Er sprach *ohne Manuskript*
Er bot uns seine Hilfe an, *ohne daß wir ihn darum bitten mußten*

4. Begründungsangabe

a) Kausalangabe im engeren Sinne:

Wegen einer Erkältung blieb er zu Hause
Er blieb zu Hause, *weil er erkältet war*

b) Konditionalangabe:

Bei schönem Wetter gingen wir jetzt spazieren
Ich komme morgen, *falls ich noch eine Platzkarte bekomme*

c) Konzessivangabe:

Der Mann kam *trotz seiner Erkältung*
Obwohl er krank war, kam er

d) Konsekutivangabe:

Die Männer arbeiteten *zur Zufriedenheit des Direktors*
Er ist krank, *so daß er zu Hause bleiben muß*

e) Finalangabe:

Er ist *zum Training* auf den Sportplatz gegangen
Ich habe ihn angerufen, *damit er mich morgen besucht*

Es gibt nur wenige Einleitewörter, die einen Ergänzungssatz einleiten können (*daß*; verallgemeinernde Relativpronomina; Fragewörter). Angabesätze dagegen können durch viele Konjunktionen eingeleitet werden. Als Beispielsätze seien einige Temporalsätze angeführt:

Während er arbeitete, spielte das Radio
Solange ich ihn kenne, arbeitet er in diesem Betrieb
Ich kenne ihn erst, *seitdem* er neben mir wohnt
Ich habe ihn besucht, *als* er neulich in Dresden war
Die Stunde ist zu Ende, *wenn* das Klingelzeichen ertönt
Nachdem er sein Examen abgeschlossen hatte, fuhr er nach Hause
Bis er abreist, besucht er noch seinen Professor
Bevor er abreiste, besuchte er noch seinen Professor

Ergänzungssätze können von diesen Konjunktionen nur *bis* und *solange* einleiten:

Die Sitzung dauerte, *bis* wir alle müde waren
Es dauerte, *solange* wir da waren

Die Einleitewörter der Angabesätze haben eine deutliche Semantik, während die Konjunktion *daß* fast ohne erkennbare Semantik und nur syntaktisch ist.

Der Form nach können unter den Adverbialangaben viele verschiedene Gruppen unterschieden werden, die zum größten Teil den entsprechenden Gruppen der Adverbialergänzung ähnlich sind. Wir können im Deutschen folgende Gruppen unterscheiden:

1. Ein Präpositionalgefüge:

An der Grenze werden die Pässe kontrolliert
Ab morgen arbeiten wir in einem neuen Gebäude
Sie versenkten das Schiff *durch einen Torpedo*
Er arbeitet *aus Überzeugung* mit

2. Ein Adverb, das ein selbständiges Adverb oder eine Anapher sein kann:

Ich habe ihn *hier/dort* getroffen

3. Ein Substantiv im Akkusativ oder Genitiv:

Er arbeitete *den ganzen Tag/zwei Tage/jeden Tag*
Eines Abends saßen wir in unserem Garten

4. Ein unflektiertes Adjektiv:

Wir gehen *schnell* in die Schule

5. Ein Partizip:

Singend kam er nach Hause

6. Eine *wie*-Konstruktion:

Er arbeitet *wie sein Vater*

7. Ein satzwertiger Infinitiv:

Er ging durch den Regen, *ohne den Regenschirm aufzuspannen*
Er muß sich beeilen, *(um) den Zug zu erreichen*
Er ging ins Theater, *anstatt seinen Freund zu besuchen*

8. Ein Nebensatz:

Ich komme morgen, *wenn ich eine Platzkarte bekomme*

Im Finnischen kommen anstatt der Präpositionalangaben oft Kasusangaben
vor:

Tapasin hänet *Helsingissä* ‚Ich habe ihn in Helsinki getroffen' (Inessiv)
Rajalla tarkastetaan passit ‚An der Grenze werden die Pässe kontrolliert' (Adessiv)
Huomisesta työskentelemme koko päivän ‚Ab morgen arbeiten wir den ganzen Tag
(Elativ)
Hän tulee *maanantaina* ‚Er kommt am Montag' (Essiv)

Sogar verbale Angaben (Infinitive und Partizipien) können im Finnischen eine
Kasusflexion haben; z.B.

Matin *tehdessä* (Iness. des 2. Infinitivs) *työtä* Pekka laiskottelee
‚Während Matti arbeitet, ist Pekka faul'

Hän kertoi minulle uutisen ylpeydestä *säteillen* (Instruktiv des 2. Infinitivs)
‚Er erzählte mir die Nachricht vor Stolz strahlend'

Tekemällä (Adessiv des 3. Infinitivs) *ahkerasti työtä* hän saavutti menestystä
‚Dadurch, daß er fleißig arbeitete, hatte er Erfolg'

Kukaan ei rikastu *tekemättä* (Abessiv des 3. Infinitivs) *työtä*
‚Niemand wird reich, ohne zu arbeiten'

6.1.3 Die Prädikativangabe

Die Prädikativangabe[59] (freies Prädikativ; prädikatives Attribut) ist eine freie
substantivische oder adjektivische Angabe, die sich auf das Subjekt oder Objekt
bezieht. Sie weicht in der Hinsicht von der Prädikativergänzung ab, daß sie nicht
durch die Valenz an das Verb gebunden ist, sondern frei in seiner Umgebung
auftritt:

---

59 Tarvainen (1979) 172.

94

Er kam *als reicher Mann* zurück
Er kam *reich* zurück

Ich traf ihn *als einen geschlagenen Mann* an
Ich traf ihn *verärgert* an

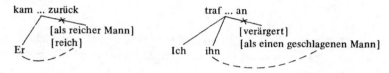

Obgleich die Prädikativangabe nicht vom Verb verlangt wird, muß sie semantisch mit dem Verb kompatibel (verträglich) sein. Man kann in normaler Sprache nicht sagen: *Tot stieg er in den Zug ein.*
Die Prädikativangabe kann in eine Prädikativergänzung transformiert werden:

Er kommt *gesund* an
← Er kommt. Er ist *gesund*

Ich traf sie *verärgert* an
← Ich traf sie. Sie war *verärgert*

Er kam *als reicher Mann* zurück
← Er kam zurück. Er war *ein reicher Mann*

Ich traf ihn *als einen geschlagenen Mann* an
← Ich traf ihn an. Er war *ein geschlagener Mann*

Die Prädikativangabe kann oft auch anaphorisiert werden:

Ich traf ihn *verärgert* an
|
so

Als reicher Mann kam er zurück
|
Als solcher

Die Grundform der substantivischen Prädikativangabe im Deutschen ist *als* + Nominativ/Akkusativ, die der adjektivischen die Grundform des Adjektivs:

Als reicher Mann/reich kam er zurück
Ich traf ihn *als einen geschlagenen Mann/verärgert* an

Die Prädikativangabe kann aber auch ein präpositionaler Ausdruck sein:

Er kam *im dunklen Anzug*
Ich habe ihn *in schlechter Stimmung* angetroffen

95

Im Englischen ist die Form der substantivischen Prädikativangabe normalerweise *as* + Substantiv, aber auch die Grundform ohne *as* ist nachweisbar. Die adjektivische Prädikativangabe steht in der Grundform:

As a child he lived on a farm
He died *a poor man*
He came back *rich*

Im Finnischen stehen sowohl die substantivische als auch die adjektivische Prädikativangabe im Essiv, während die Prädikativergänzung normalerweise im Nominativ oder Partitiv steht:

Häh tuli takaisin *rikkaana miehenä/rikkaana*
‚Als reicher Mann/reich kam er zurück‘
(vgl. Hän oli *rikas mies/rikas* (Nominativ)
‚Er war ein reicher Mann/reich‘)

6.1.4   Der freie Dativ

Die Adverbialangabe ist fast ausschließlich eine Sachangabe: lokal, temporal, modal, kausal. Zu den freien Angaben gehören jedoch auch Personenbezeichnungen, die aber nicht als Adverbialangaben angesehen werden können:

Sie öffnet *dem Gast* die Tür
Er trägt *für seine Mutter* das Gepäck

Die Grundform dieser Personenangaben ist im Deutschen der Dativ, nach dem sie freie Dative genannt werden. Unter den freien Dativen werden drei Gruppen unterschieden:

1. Der Dativus ethicus:

Fall *mir* nur nicht auf

2. Der Dativus commodi:

Man bereitet *ihm* ein heißes Bad

3. Der Dativus incommodi:

Dein Glas ist *mir* leider zerbrochen

Einige Forscher halten diese Dative nicht für freie Angaben, weil z.B. der Dativus commodi und der Dativus incommodi nicht bei allen Verben möglich sind. So tritt der Dativus commodi nur bei einem Verb auf, das den Inhalt des Satzes für die durch den Dativ genannte Person positiv oder wünschenswert macht. Vom Verb aus gesehen kann aber *mir* im Satz *Er öffnete mir die Tür* kaum als *öffnen*-spezifisch und also als ein Aktant von *öffnen* angesehen werden. In dieser Arbeit werden diese Dative als freie Angaben bezeichnet.

6.1.4.1 Der Dativus ethicus

Der Dativus ethicus[60] kommt fast nur in der Umgangssprache vor. Er ist unbetont und pronominal (auf die 1. und 2. Person beschränkt). Er ist nicht erststellenfähig und ist ohne weiteres weglaßbar. „Der dabei entstehende Informationsverlust betrifft nur das affektive Verhältnis des Sprechers zu dem in einem Satz ausgedrückten Sachverhalt. also konnotative Komponenten".[61] Der Dativus ethicus kommt in verschiedenen Satzbauplänen vor:

> Fall *mir* nur nicht auf
> Wenn er *mir* nur pünktlich nach Hause kommt.
> Das ist *mir* vielleicht eine dumme Gans
> Mein Leipzig lob ich *mir*
> Das macht ihn *mir* ganz nervös

Im Finnischen und Englischen hat der Dativus ethicus keine direkte Entsprechung.

6.1.4.2 Der Dativus commodi

Der Dativus commodi[62] ist oft durch ein *für*-Gefüge ersetzbar:

> Er trägt *seiner Mutter* das Gepäck
> Er trägt *für seine Mutter* das Gepäck

Der Dativus commodi kann einen Satz beginnen, kann also betont sein. Er kann nominal und pronominal auftreten. Er ist ohne weiteres weglaßbar. „Der dabei entstehende Informationsverlust betrifft nicht nur konnotative, sondern in erster Linie denotative Komponenten".[63] Der Inhalt des Satzes wird als für die durch den Dativ genannte Person positiv oder wünschenswert betrachtet (Dativ des Nutzens).

Der Dativus commodi kann in mehreren Satzbauplänen auftreten:

> *Ihm* leuchten die Sterne
> Er ist *meinem Bruder* ein treuer Freund
> Er putzte *ihm* jeden Tag die Schuhe
> Sie machte *dem Gast* die Suppe warm

---

60 Engelen (1975 Bd.1) 117.   61 Engelen (1975 Bd.1) 117.
62 Engelen (1975 Bd.1) 118; Helbig/Buscha (1972) 492.
63 Engelen (1975 Bd.1) 118.

Im Englischen tritt als Commodi-Angabe normalerweise eine *for*-Konstruktion auf:

Shall I read/write/post the letter *for you*?

Im Finnischen ist die Entsprechung des Dativus commodi meistens der Allativ:

Hän avaa *vieraalle* oven
‚Er öffnet dem Gast die Tür‘

6.1.4.3   Der Dativus incommodi

Wie der Dativus commodi ist auch der Dativus incommodi[64] erststellenfähig und kann also betont sein. Er kann auch nominal und pronominal auftreten. Er ist aber nicht durch ein *für*-Gefüge ersetzbar. „Das ist offensichtlich inhaltlich bedingt: Beim commodi wird − wie gesagt − der Inhalt des Satzes als positiv hingestellt. Deshalb kann statt dieses Dativs auch das inhaltlich in etwa gleichwertige Gefüge mit *für* stehen. Beim Incommodi hingegen wird der Inhalt des Satzes immer als negativ und unerwünscht für den Referenten des Dativs hingestellt. Aus diesem Grund kann dieser Dativ nicht gegen das inhaltlich positive Gefüge mit *für* kommutiert werden".[65] Der Dativus incommodi könnte wohl ein Dativ des Schadens genannt werden. Er kommt in mehreren Satzbauplänen vor:

Mir sind die Blumen vertrocknet
Man hat *dem Jungen* das Buch zerrissen
Das Glas ist *ihm* auf die Erde gefallen

Im Finnischen entspricht dem Incommodi der Ablativ:

Minulta ovat kukat kuivuneet
‚Mir sind die Blumen vertrocknet‘

6.2   Freie Angaben beim Substantiv

Die freien Angaben beim Substantiv sind Attribute, die − wie auch die Ergänzungen des Substantivs − in zwei Hauptgruppen eingeteilt werden können: in Attribute der deverbativen und der „normalen" Substantive.

---

64 Engelen (1975 Bd. 1) 119.
65 Engelen (1975 Bd. 1) 119.

1. Die Angabeattribute bei Verbalsubstantiven sind meist adverbialähnliche Attribute, die einer Adverbialangabe bei einem dem Substantiv zugrundeliegenden Verb entsprechen. Seltener sind die sog. prädikativähnlichen Attribute, die einer Prädikativangabe eines Verbs entsprechen.

a) Die adverbialähnlichen Attribute sind im Deutschen normalerweise Präpositionalgruppen und Adverbien, im Finnischen auch Lokalkasus:

seine Ankunft *vor zwei Wochen* (Temporalangabe)
← Er kam *vor zwei Wochen*

mein Studium *in Berlin/dort* (Lokalangabe)
opiskeluni *Berliinissä* (Inessiv)
← Ich studiere *in Berlin/dort*

das Fahren *mit großer Geschwindigkeit* (Modalangabe)
← Ich fahre *mit großer Geschwindigkeit*

meine Verspätung *infolge des Unfalls* (Kausalangabe)
← Ich verspätete mich *infolge des Unfalls*

b) Die prädikativähnlichen Attribute entsprechen im Deutschen einer substantivischen Prädikativangabe beim Verb, im Finnischen auch einem Adjektiv:

seine Rückkehr *als reicher Mann* war eine Überraschung
hänen paluunsa *rikkaana miehenä/rikkaana* ('reich')
← Er kam *als reicher Mann* zurück

2. Zu den Angabeattributen der nicht-deverbativen Substantive gehören die meisten Attribute bei Substantiven. Der Wortart und der Form nach können mehrere Attributarten unterschieden werden:

a) Pronominalattribute:

Mein Vater interessiert sich für *deine* Arbeit

b) Adjektiv- und Partizipattribute:

Er kaufte einen *grünen* Teppich
das *gelöste* Problem

c) Genitivattribute:

der Garten *der Eltern* (Genitivus possessivus)
ein Hotel *erster Klasse* (Genitivus qualitatis)
der König *der Könige* (Genitiv der Steigerung)

d) Appositionen:

Karl, *mein bester Freund*
die Stadt *als königlicher Privatbesitz*

c) Adverb- und Präpositionalattribute (im Finnischen auch Lokalkasusattribute):

der Mann *auf der Bank/dort*
mies *penkillä*
die Geschichten *mit Klaus*
ein Gefäß *aus Stahl*

d) Nebensatzattribute (Relativsätze)

Der Mann, *den ich gestern sah*, sah ich heute wieder

Das Angabeattribut des Substantivs ist als eine selbständige Zusatzprädikation anzusehen und kann auf eine prädikative Struktur, einen Hauptsatz oder einen Relativsatz zurückgeführt werden:

Das *kleine* Kind schläft
← Das Kind schläft. *Es ist klein*
← Das Kind, *das klein ist*, schläft

Im Unterschied zum freien Satzglied, z.B. zur Adverbialangabe, ist das Attribut des Substantivs nicht eine Prädikation zum Verb und zugleich zum ganzen Satz, sondern zu einem Substantiv, das als Ergänzung oder Angabe vom Verb abhängt.

Ein syntaktisch freies Attribut kann bisweilen semantisch notwendig sein und mit dem Substantiv eine semantische Einheit bilden:

Ein alter Mensch hat viel erfahren
(vgl. Ein Mensch hat viel erfahren)

Dasselbe trifft auch auf sog. notwendige Relativsätze zu:

Er ist *der Mann, den ich gestern sah*

Die Semantik macht sich bei den Angabeattributen auch darin bemerkbar, daß das Attribut semantisch mit seinem Bezugswort verträglich sein muß. So sind die Syntagmen **hölzerne Augen* und **die Fische des Himmels* in nichtmetaphorischer Sprache ungrammatisch. Bei den freien Attributen sind also ähnliche semantische Restriktionen wie bei den freien Satzgliedern zu beobachten.

6.3 Freie Angaben beim Adjektiv und Adverb

Die freien Angabeattribute des A d j e k t i v s sind im Deutschen Adverbien und Adjektive ohne Deklinationsendungen:

Er begrüßte micht mit *überaus* freundlicher Miene
Ich bin *sehr* müde
Ein *eisig* kalter Wind weht über die *trostlos* öde Ebene

Bei den Adjektiven kommen aber auch freie Angaben vor, die einer freien Adverbialangabe oder einem freien Dativ beim Verb entsprechen:

Er ist blaß *vor Zorn*
der *vor Zorn* blasse Mann
(vgl. Adverbialangabe: Sie zitterte *vor Kälte*)
Sie war schön *im Gesicht*
Das ist *mir/für mich* sehr wichtig
eine *für mich* sehr wichtige Frage
(vgl. Dativus commodi: Er öffnete *ihr/für sie* die Tür)

Als freie Angabeattribute des A d v e r b s fungieren Adverbien und Adjektive ohne Deklinationsendungen:

Wir gehen *sehr* gern ins Theater
Wir haben *besonders* oft von dir gesprochen
Hoch oben auf dem Berg steht ein Haus

7   Satzmodelle

Auf Grund der Valenz können bei den Sätzen verschiedene syntaktische Grundstrukturen, sog. Satzmodelle,[66] unterschieden werden. Die Hauptmodelle bestehen aus dem Verb und seinen Aktanten, den Nebenmodellen liegt die Valenz des Adjektivs zugrunde. Wenn wir das Vollverb mit V, das Kopulaverb mit V_k, den Aktanten des Verbs mit A und den Aktanten des Adjektivs mit a bezeichnen, bekommen wir zum Beispiel folgende Satzmodelle:

Hauptmodell oder verbales Satzmodell

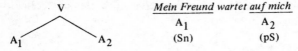

Nebenmodell oder adjektivisches Satzmodell

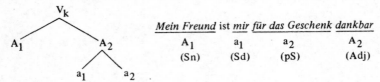

Das Satzmodell ist eine verhältnismäßig abstrakte Struktur, der viele Kennzeichen eines konkreten Satzes fehlen. So wird das Modell nicht beeinflußt durch die Satzart (Aussagesatz, Fragesatz usw.), die Wortfolge oder die Konjugation des Verbs. Auch die freien Bestimmungen (Angaben) des Verbs und Adjektivs bleiben außerhalb des Satzmodells. Normalerweise werden die Beispielsätze für Satzmodelle in einer sog. primären Form gegeben: der Satz ist ein Aussagesatz, dessen Prädikat im Präsens Indikativ Aktiv steht. Wir werden die verbalen und die adjektivischen Satzmodelle gesondert behandeln.

7.1   Verbale Satzmodelle

Unter den verbalen Satzmodellen können reine Valenzmodelle und sog. Satzgliedmodelle unterschieden werden. Bei den Valenzmodellen wird zunächst mit

---

66 Erben (1972) 257f. und 289f.; Helbig/Buscha (1972) 554f.; Engel (1970a) 361f. und (1970b) 104f.; Schenkel (1969a) 27f. und (1969b) 102f.; Starke (1973) 138f.

102

Symbolen (z.B. A_1-V-A_2) gezeigt, wieviele Aktanten das Verb hat und welche von ihnen obligatorisch, welche fakultativ sind. Von einem solchen quantitativen Satzmodell können auch seine qualitativen Realisationen oder seine verschiedenen sprachlichen Formen gegeben werden (z.B. Sn–V). Bei den Satzgliedmodellen sind die Aktanten nach den Satzgliedern als bestimmte Gruppen zusammengefaßt (Subjekt, Objekt usw.). Im folgenden werden wir die Satzmodelle des Deutschen und Finnischen darstellen.

7.1.1 Valenzmodelle

Die wichtigste Gruppe der Valenzmodelle bilden die sog. normalen Valenzmodelle, bei denen die Aktanten ihren eigenen begrifflichen Inhalt haben (*Der Vater schläft*). Eine andere Gruppe besteht aus Modellen, bei denen einer der Aktanten ein inhaltlich leeres Formwort ist, z.B. im Deutschen das unpersönliche *es* (*Es geht lustig zu*). Diese Modelle werden Formwortmodelle genannt.

7.1.1.1 Normale Valenzmodelle

In den quantitativen Satzmodellen treten Verben auf, deren Valenz von 0 bis 4 wechseln kann (der fakultative Aktant steht in Klammern)

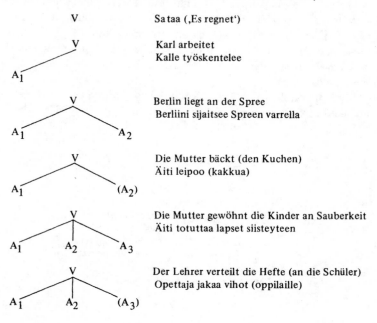

V	Sataa (‚Es regnet')
V A_1	Karl arbeitet Kalle työskentelee
V A_1 A_2	Berlin liegt an der Spree Berliini sijaitsee Spreen varrella
V A_1 (A_2)	Die Mutter bäckt (den Kuchen) Äiti leipoo (kakkua)
V A_1 A_2 A_3	Die Mutter gewöhnt die Kinder an Sauberkeit Äiti totuttaa lapset siisteyteen
V A_1 A_2 (A_3)	Der Lehrer verteilt die Hefte (an die Schüler) Opettaja jakaa vihot (oppilaille)

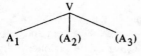

Der Lehrer dankt (dem Schüler) (für die Hilfe)
Opettaja kiittää (oppilasta) (avusta)

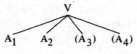

Der Schüler entgegnete (dem Lehrer) (auf dessen Frage),
daß er aufgepaßt habe

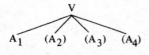

Der Schüler antwortete (dem Lehrer) (auf dessen Frage),
(daß er aufgepaßt habe)
Oppillas vastasi (opettajalle) (tämän kysymykseen),
(että hän oli seurannut)

Der Schriftsteller übersetzt (das Buch) (aus dem
Finnischen) (ins Deutsche)
Kirjailija kääntää (kirjan) (suomesta) (saksaksi)

Die Witterungsverben sind im Finnischen nullwertig, d.h. sie haben keinen Aktanten (z.B. *sataa* ,es regnet'). Im Deutschen gibt es keine syntaktisch null- wertigen Verben. Wenn das Verb keinen normalen Aktanten hat, wird es mit einem rein formalen Aktanten verbunden (finnisch *sataa*, deutsch *es regnet*; inhaltlich ist *regnen* 0-wertig). Von den 4-wertigen Verben des Deutschen ist zum Beispiel *entgegnen* obligatorisch 2-, fakultativ 4-wertig, während das finnische Verb *vastata* obligatorisch 1-, fakultativ 4-wertig ist (wie auch das deutsche Verb *antworten*). Im Finnischen dürfte es keine obligatorisch 2-, fakultativ 4-wertigen Verben geben (auch im Deutschen können die 4-wertigen Verben nicht mehr als zwei obligatorische Aktanten haben). Im großen und ganzen sind die 4-wertigen Verben sehr selten. Normal sind die Modelle, die 0–3 Aktanten enthalten.

Nach der grammatischen Form der Aktanten kann jedes quantitative Satz- modell in qualitative Submodelle unterteilt werden. Als Beispiel sei das deutsche Modell $\overbrace{A_1 \quad (A_2)}^{V}$ behandelt.

Sn, (Sa)	Die Mutter kauft (Milch) ein
Sn, (Sd)	Das Kind folgt (seiner Mutter)
Sn, (pSa)	Der Arzt steigt (in die Straßenbahn) ein
Sn, (pSd)	Die Schneiderin arbeitet (an einem Kleid)
Sn, (NS)	Das Kind wartet ab (, ob jemand kommt)
Sn, (Inf$_{zu}$)	Er weigert sich (, das Vorhaben zu unterstützen)
Sn, (Inf)	Die Mitarbeiterin hilft (schreiben)
Sd, (pS)	Ihm graut (vor dem Krankenhaus)

104

Im Finnischen gehören zu diesem Modell folgende Sätze:

Sn, (Sa)	Poika lukee (kirjan)
	('Der Junge liest das Buch')
Sn, (S_{partit})	Poika odottaa (ystäväänsä)
	('Der Junge wartet auf seinen Freund')
Sn, (S_{elat})	Poika puhuu opettajastaan
	('Der Junge spricht über seinen Lehrer')
Sn, (S_{illat})	Poika saapuu (kotiin)
	('Der Junge kommt nach Hause')
Sn, (S_{ablat})	Poika tulee (koululta)
	('Der Junge kommt von der Schule')
Sn, (S_{allat})	Poika saapuu (koululle)
	('Der Junge kommt zur Schule')
Sn, (NS)	Poika odottaa (, tuleeko ketään)
	('Der Junge wartet, ob jemand kommt)
Sn, (3. Inf. Illat.)	Poika suostuu (tulemaan)
	('Der Junge ist willig zu kommen')
Sn, (3. Inf. Elat.)	Poika kieltäytyy (tulemasta)
	('Der Junge weigert sich zu kommen')
S_{partit}, (1. Inf.)	Poikaa pelottaa (mennä kotiin)
	('Der Junge hat Angst, nach Hause zu gehen')

Charakteristisch für die qualitativen Modelle des Finnischen ist, daß es viele verschiedene Kasus gibt; sogar bei den Infinitiven lassen sich Kasus nachweisen. Den finnischen Lokalkasus entsprechen im Deutschen verschiedene Präpositionen, und zwar sowohl bei den Präpositionalobjekten als auch bei den Adverbialen. Im ganzen kann man sagen, daß die quantitativen Modelle in verschiedenen Sprachen ungefähr gleich sind (von den nullwertigen und eventuell den vierwertigen Modellen abgesehen). Dagegen weichen die qualitativen Realisationen der verschiedenen quantitativen Modelle in verschiedenen Sprachen voneinander ab, was auch selbstverständlich ist, weil verschiedene Sprachen über verschiedene grammatische Formen verfügen. Wenn alle verschiedenen Formen berücksichtigt werden, kann die Anzahl der qualitativen Modelle in einer Sprache sehr groß werden. Im Deutschen hat man fast hundert qualitative Modelle unterschieden.

7.1.1.2 Formwortmodelle

Vom Finnischen abweichend kommen in anderen Sprachen Valenzmodelle vor, die ein inhaltlich leeres Formwort (deutsch *es*, englisch *it*, schwedisch *det*, französisch *il*) als einen rein syntaktischen Aktanten aufweisen. Es kann der einzige Aktant sein — bei den Verben, die den finnischen nullwertigen Verben entsprechen (*es regnet*) — es kann aber auch zusammen mit einem oder mehreren „normalen" Aktanten auftreten. Im Deutschen können folgende *es*-Valenzmodelle unterschieden werden, in denen *es* als formales Subjekt fungiert:

105

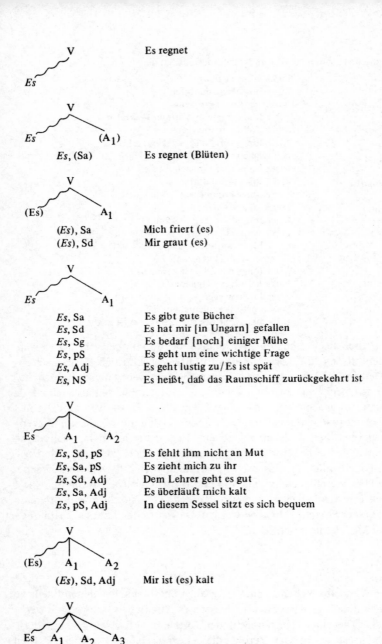

V Es	Es regnet
V Es (A₁) *Es*, (Sa)	Es regnet (Blüten)
V (Es) A₁ (*Es*), Sa (*Es*), Sd	Mich friert (es) Mir graut (es)
V Es A₁ *Es*, Sa *Es*, Sd *Es*, Sg *Es*, pS *Es*, Adj *Es*, NS	Es gibt gute Bücher Es hat mir [in Ungarn] gefallen Es bedarf [noch] einiger Mühe Es geht um eine wichtige Frage Es geht lustig zu/Es ist spät Es heißt, daß das Raumschiff zurückgekehrt ist
V Es A₁ A₂ *Es*, Sd, pS *Es*, Sa, pS *Es*, Sd, Adj *Es*, Sa, Adj *Es*, pS, Adj	Es fehlt ihm nicht an Mut Es zieht mich zu ihr Dem Lehrer geht es gut Es überläuft mich kalt In diesem Sessel sitzt es sich bequem
V (Es) A₁ A₂ (*Es*), Sd, Adj	Mir ist (es) kalt
V Es A₁ A₂ A₃ *Es*, Sa, pS/Adv, Adv	Es hält mich hier nicht länger

106

In den Modellen (*Es*)–V–A, und (*Es*), Sd, Adj ist *es*, wenn es vom Verb abhängt, fakultativ und kommt im Satzinneren vor, wenn ein normaler Aktant oder eine Angabe am Satzanfang steht: *Mich friert (es); Jetzt ist (es) mir kalt.* Wenn der Satzanfang (Vorfeld) nicht von einem Aktanten oder einer Angabe besetzt ist, steht *es* am Satzanfang und ist obligatorisch. Daß *es* jetzt obligatorisch ist, liegt nicht an der Valenz des Verbs, sondern *es* wird von der Wortstellung verlangt: *Es friert mich (*friert mich).*

Die Valenzmodelle mit *es* als formalem Subjekt enthalten außer dem Formwort noch normale Aktanten von Null bis drei. Die Anzahl der qualitativen Realisationsformen ist also ziemlich groß.

Das formale *es* kann auch als Objekt auftreten, wobei es auch einen rein formalen Aktanten darstellt. Die Verben, bei denen *es* als formales Objekt steht, bilden feste Wendungen. Das Formwort steht immer im Satzinneren. Auch hier kommt es zu verschiedenen Modellen:

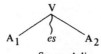

Sn, *es*, Adj	Ich habe es heute eilig
Sn, *es*, Sd	Sie hat es ihm angetan
Sn, *es*, pS	Er hat es auf sie abgesehen
Sn, *es*, Adj	Er wird es noch weit bringen

V

A_1 es A_2 A_3

Sn, *es*, pS, Adj	Ich meine es gut mit dir
Sn, *es*, Sd$_{\mathrm{refl}}$, Adj	Er hat es sich sehr leicht gemacht

Im Finnischen kommt der formale grammatische Aktant normalerweise nicht vor. In der Umgangssprache treten jedoch einige Satzmodelle auf, in denen das Pronomen *se* als formales Subjekt (Objekt) fungiert:

Kyllä *se* sataa ‚Es regnet ja‘
Nyt *sitä* on parasta lähteä ‚Jetzt ist es am besten zu gehen‘

7.1.2 Satzgliedmodelle

Die Satzgliedmodelle beruhen darauf, daß die verschiedenen qualitativen Formen der valenzbedingten Aktanten in einigen Satzgliedern zusammengefaßt werden können: Subjekt, Objekt, Adverbialergänzung und Prädikativergänzung. Von diesen hat das Objekt eine Form (Akkusativ, Dativ, bestimmte

Präpositionalverbindung usw.), die vom jeweiligen Verb bestimmt wird, so daß die Objekte in formbedingte Subklassen unterteilt werden können. Während das Objekt eine syntaktische Kategorie ist, stellt die Adverbialergänzung eine inhaltliche Kategorie dar, die man in inhaltliche Untergruppen einteilen kann. Die Prädikativergänzung kann in eine substantivische und eine adjektivische Prädikativergänzung eingeteilt werden. In den Satzgliedmodellen wird normalerweise nicht zwischen obligatorischen und fakultativen Aktanten unterschieden. Weiter werden die Infinitive und Nebensätze, die nominale Satzglieder ersetzen, nicht gesondert berücksichtigt.

Nach den obigen Kriterien können wir im Deutschen und Finnischen folgende Satzgliedmodelle unterscheiden:

Prädikat (Finnisch):	Sataa ,Es regnet'
Subjekt + Prädikat:	Karl arbeitet
	Kalle työskentelee
Objekt + Prädikat:	Mich schläfert
	Minua nukuttaa
Subjekt + Prädikat + Objekt	
Deutsch: Akk.:	Ich schreibe einen Brief
Dat.:	Ich helfe meinem Bruder
Gen.:	Wir gedachten des Verstorbenen
Präp.:	Ich dachte an meine Mutter
Inf. ohne *zu*:	Karl kann sprechen
mit *zu*:	Karl weigert sich zu kommen
Finnisch: Akk.:	Kalle tuntee miehen
	(,Karl kennt den Mann')
Partit.:	Kalle auttaa miestä
	(,Karl hilft dem Mann')
Akk./Partit.:	Kalle lukee kirjan/kirjaa
	(,Karl liest ein Buch/in einem Buch')
Elat.:	Kalle pitää kirjasta
	(,Karl hat das Buch gern')
Illat.:	Kalle rakastuu tyttöön
	(,Karl verliebt sich in das Mädchen')
Allat.:	Kalle vastaa tytölle
	(,Karl antwortet dem Mädchen')
Postpos.:	Kalle puolustautuu moitteita vastaan
	(,Karl wehrt sich gegen die Vorwürfe')
Inf.: 1. Inf.:	Kalle osaa puhua
	(,Karl kann sprechen')
Elat. des 3. Inf.:	Kalle kieltäytyy tulemasta
	(,Karl weigert sich zu kommen')
Illat. des 3. Inf.:	Kalle suostuu tulemaan
	(,Karl ist willig zu kommen')

Subjekt + Prädikat + Prädikativergänzung:
Subst.:   Karl ist ein Mann
                          Kalle on mies
Adj.:   Karl ist jung
                          Kalle on nuori

Subjekt + Prädikat + Adverbialergänzung:
Lokalergänzung: Karl wohnt in Berlin
                          Kalle asuu Berliinissä
Temporalergänzung: Die Sitzung dauerte lange
                          Istunto kesti kauan
Modalergänzung: Karl benimmt sich schlecht
                          Kalle käyttäytyy huonosti
Begründungsergänzung: Er geht fischen
                          Hän menee kalastamaan

Subjekt + Prädikat + 2 Objekte:
Deutsch:
Akk. + Akk.:   Er lehrte mich Französisch
Akk. + Dat.:   Er berichtet mir den Vorgang
Akk. + Gen.:   Der Herr beschuldigt seinen Diener des Diebstahls
Akk. + Präp.:   Deine Bemerkung erinnert mich an ein Erlebnis
Dat. + Präp.:   Ich danke dir für deine Hilfe
Präp. + Präp.:   Sie sprachen zu uns von neuen Erfolgen
Finnisch:
Akk./Partit. + Ablat.:   Kalle pyytää minulta kirjan/kirjaa
                          (‚Karl bittet mich um das Buch/um ein Buch‘)
Akk./Partit. + Allat.:   Kalle antaa minulle kirjan/kirjoja
                          (‚Karl gibt mir ein Buch/Bücher‘)
Partit. + Elat.:   Kalle kiittää minua kirjasta
                          (‚Karl dankt mir für das Buch‘)
Akk./Partit. + Illat.:   Äiti totuttaa lapset siisteyteen/lapsia siisteyteen
                          (‚Die Mutter gewöhnt die Kinder/Kinder an die
                          Sauberkeit)
Allat./Elat.:   Kalle kertoo minulle kirjasta
                          (‚Karl erzählt mir über das Buch‘)

Subjekt + Prädikat + 3 Objekte:
Deutsch:
Akk. + Dat. + Präp.:   Der Lehrer antwortete mir nichts auf meine Frage
Akk. + Präp. + Präp.:   Der Mann übersetzt das Buch aus dem Deutschen ins
                          Finnische
Finnisch:
Akk./Partit. + Allat. + Illat.: Opettaja ei vastannut minulle mitään
                          kysymykseeni
                          (‚Der Lehrer antwortete mir nichts auf meine Frage‘)
Akk./Partit. + Elat. + Translat.: Mies kääntää kirjan/kirjaa saksasta suomeksi
                          (‚Der Mann übersetzt das Buch aus dem Deutschen
                          ins Finnische‘)

Subjekt + Prädikat + Objekt + Adverbial: Karl legt das Buch/Bücher auf den Tisch
                          Kalle panee kirjan/kirjoja pöydälle

109

Subjekt + Prädikat + Objekt + Prädikativ: Karl nennt mich einen Faulenzer/faul
Kalle nimittää minua laiskuriksi/laiskaksi

Die Satzgliedmodelle sind im Deutschen, Finnischen und in vielen anderen Sprachen gleich; in ihren formbedingten Submodellen, vor allem bei den Objekten, kommen aber Unterschiede vor. Im Finnischen treten vor allem Kasusobjekte, im Deutschen Kasus- und Präpositionalobjekte auf. Im Englischen und Französischen gibt es nur ein Kasusobjekt, das bei Substantiven die sog. Grundform ist (*I love the girl* – *J'aime la jeune fille*), und Präpositionalobjekte.

7.2 Adjektivische Satzmodelle

In den adjektivischen Satzmodellen fungiert als Prädikat ein Kopulaverb (V_k), während der eigentliche Bedeutungsträger ein adjektivisches Prädikativ ist. Die Valenz der Adjektive, die in diesen Modellen vorkommen, wechselt von 0 bis 3. Die Aktanten des Adjektivs (= a) sind Objekte oder Adverbiale. Im Deutschen und Finnischen können folgende adjektivische Satzmodelle unterschieden werden:

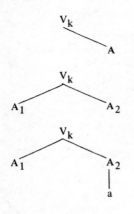

Prädikat + Prädikativ (0-wertig)
Finnisch: On kylmä ‚Es ist kalt'

Subjekt + Prädikat + Prädikativ (0-wertig)
Der Mann ist alt
Mies on vanha

Subjekt + Prädikat + Prädikativ (1-wertig)
a = Objekt
Deutsch:
    Dat.:   Ich bin diesem Mann fremd
    Gen.:   Er ist des Diebstahls schuldig
    Akk.:   Ich bin alle Sorgen los
    Präp.: Er ist an dem Mädchen interessiert
    Inf.:   Ich bin fähig, das zu tun
Finnisch:
    Partit.: Tanko on useita metrejä pitkä
          (‚Die Stange ist mehrere Meter lang')
    Genet.: Poika on isänsä kaltainen
          (‚Der Sohn ist seinem Vater gleich')
    Iness.: Hän on taitava esiintymisessään
          (‚Er ist gewandt in seinem Auftreten')

110

Elat.: Mies on tietoinen asiasta
(‚Der Mann ist sich der Sache bewußt‘)

Illat.: Mies on perehtynyt asiaan
(‚Der Mann ist in der Sache bewandert‘)

Allat.: Tyttö on uskollinen pojalle
(‚Das Mädchen ist dem Jungen treu‘)

a = Adverbial:
Der Mann ist in Berlin ansässig
Mies on kotoisin Berliinistä

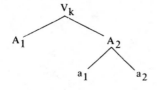

Subjekt + Prädikat + Prädikativ (2-wertig)
a = Objekt:
Deutsch:

Dat. + Präp.:	Ich bin dem Freund für die Hilfe dankbar
Dat. + Akk.:	Er ist dem Wirt.zwei Mark schuldig
Dat. (refl.) + Gen.:	Ich bin mir keiner Schuld bewußt

Finnisch:

Allat. + Elat.:	Olen kiitollinen ystävälle avusta (‚Ich bin dem Freund für die Hilfe dankbar‘)
Ablat. + Gen.:	Poika on luonteeltaan isänsä kaltainen (‚Der Sohn ist seinem Vater im Charakter gleich‘)
Allat. + Akk/Partit.:	Mies on minulle markan/ muutamia markkoja velkaa (‚Der Mann ist mir eine Mark/ einige Mark schuldig‘)

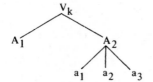

Subjekt + Prädikat + Prädikativ (3-wertig)
a = Objekt:
Deutsch:

Präp. + Präp. + Dat. (refl.): Er ist sich mit dem Vertragspartner über die Bestimmung einig

Im Deutschen gibt es kein subjektloses Prädikativmodell (Finnisch: *On kylmä*). Ihm entspricht das Formwortmodell *Es – Vk – A* (*Es ist kalt*). Die Modelle mit einem Adverbial als einem Aktanten des Adjektivs sind sehr selten. Bei den Objekten des Adjektivs ist im Finnischen wieder der Kasusreichtum auffällig, während im Deutschen nur wenige Kasus, aber mehrere Präpositionen

111

vorkommen. Im Englischen gibt es nur ein Kasusobjekt, und auch dieses ist selten (*The car is worth a thousand pounds*); normalerweise ist der Aktant eines Adjektivs im Englischen eine Präpositionalkonstruktion (*She is interested in languages*). Dreiwertige Adjektive sind sehr selten: im Finnischen kommen sie überhaupt nicht vor. Im Deutschen kann ein Reflexivpronomen als dritter Aktant fungieren (*sich mit dem Vertragspartner über die Bestimmungen einig*).

Literaturverzeichnis

Die Bibliographie der Dependenz- und Valenzgrammatik ist sehr umfangreich geworden. Der größte Teil dieser Literatur ist in sprachwissenschaftlichen Zeitschriften, vor allem in Deutschland, erschienen. Das Literaturverzeichnis umfaßt nicht nur die Quellen dieser Arbeit. Es will auch eine möglichst vielseitige Literaturauswahl denjenigen geben, die eventuell näher mit Dependenz- und Valenzproblemen bekannt werden wollen oder müssen. Im Verzeichnis werden folgende Abkürzungen verwendet:

DaF	= Deutsch als Fremdsprache
DD	= Diskussion Deutsch
DDU	= Der Deutschunterricht
DS	= Deutsche Sprache
DU	= Deutschunterricht
LB	= Leuvense Bijdragen
MSpråk	= Moderna Språk
Mu	= Muttersprache
NPhM	= Neuphilologische Mitteilungen
WW	= Wirkendes Wort
WZUB	= Wissenschaftliche Zeitschrift der Humboldt-Universität Berlin. Gesellschafts- und sprachwissenschaftliche Reihe
ZD	= Zielsprache Deutsch
ZDL	= Zeitschrift für Dialektologie und Linguistik
ZDPh	= Zeitschrift für deutsche Philologie
ZDS	= Zeitschrift für deutsche Sprache
ZGL	= Zeitschrift für germanistische Linguistik
ZPhon	= Zeitschrift für Phonetik, Sprachwissenschaft und Kommunikationsforschung
ZRPh	= Zeitschrift für romanische Philologie

Abramow, Boris A. (1967a). Zum Begriff der zentripetalen und zentrifugalen Potenzen. In: DaF 3/1967. 155–168.

Abramow, Boris A. (1967b). Modelle der subjektlosen Sätze im Deutschen. In: DaF 6/ 1967. 361–374.

Abramow, Boris A. (1971). Zur Paradigmatik und Syntagmatik der syntaktischen Potenzen. In: Helbig, G. (Hrsg.), Beiträge zur Valenztheorie. 51–66. The Hague/Paris.

Admoni, Wladimir (1970). Der deutsche Sprachbau. 3. Aufl. München.

Admoni, Wladimir (1974). Die Satzmodelle und die logisch-grammatischen Typen des Satzes. In: Daf 1/1974. 34–42.

Anderson, John M. (1971). Dependency and Grammatical Functions. In: Foundations of Language 7. 30–37.

Andresen, Helga (1973). Ein methodischer Vorschlag zur Unterscheidung von Ergänzung und Angabe im Rahmen der Valenztheorie. In: DS 1/1973. 49–63.

Arbeitsgruppe Marburg (1973). Aspekte der Valenztheorie. In: DS 1/1973. 3–48.

Ballweg, Joachim (1972). Abriß einer Verbvalenzgrammatik mit logisch semantischer Basis. Staatsexamensarbeit (ungedruckt). Mannheim.

Ballweg, Joachim (1974). Einige Bemerkungen zu einem Valenzmodell mit semantischer Basis. In: Kopenhagener Beiträge zur germanistischen Linguistik 4. Kopenhagen. 83–113.

Ballweg, Joachim/Hacker, Hans Jürgen/Schumacher, Helmut (1972). Valenzgebundene Elemente und logisch-semantische Tiefenstruktur. In: Linguistische Studien II. Sprache der Gegenwart 22. 100–145. Düsseldorf.

Bauer, Paul (1973). Reflexivpronomina und Verbvalenz. In: LB 3/1973. 267–271.

Baumgärtner, Klaus (1970). Konstituenz und Dependenz. Zur Integration der beiden grammatischen Prinzipien. In: Steger, H. (Hrsg.), Vorschläge für eine strukturale Grammatik des Deutschen. 52–77. Darmstadt.

Bondzio, Wilhelm (1969). Das Wesen der Valenz und ihre Stellung im Rahmen der Satzstruktur. In: WZUB 18. 2/1969. 233–239.

Bondzio, Wilhelm (1971). Valenz, Bedeutung und Satzmodelle. In: Helbig, G. (Hrsg.), Beiträge zur Valenztheorie. 85–103. The Hague/Paris.

Brinker, Klaus (1972). Konstituentenstrukturgrammatik und operationale Satzgliedanalyse. Methodenkritische Untersuchungen zur Syntax des einfachen Satzes im Deutschen. Frankfurt/M.

Brinkmann, Hennig (1971). Die deutsche Sprache. Gestalt und Leistung. 2., neubearbeitete und erweiterte Auflage. Düsseldorf.

Buchbinder, Wolf A. (1971). Die Valenz und ihre Berücksichtigung bei der Auswahl lexikalischen Materials. In: DaF 5/1971. 282–286.

Bühler, Karl (1965). Sprachtheorie. Die Darstellungsfunktion der Sprache. 2., unveränderte Auflage. Stuttgart.

Busse, Winfried (1974): Klasse – Transitivität – Valenz. München.

Busse, Winfried/Dubost, Jean-Pierre (1977). Französisches Verblexikon. Die Konstruktion der Verben im Französischen. Stuttgart.

ten Cate, Abraham P. (1971). Kasus und Valenz. Versuch einer Integration. Ungedruckt. Groningen.

Duden. Grammatik der deutschen Gegenwartssprache (1973). Der Grosse Duden. Bd. 4. 3., neu bearbeitete und erweiterte Auflage. Mannheim.

Ehnert, Rolf (1974). Liste der Grundvalenz der häufigsten deutschen Verben. Vervielfältigt. Oulu.

Emons, Rudolf (1974). Valenzen englischer Prädikatsverben. Linguistische Arbeiten 22. Tübingen.

Emons, Rudolf (1978). Valenzgrammatik für das Englische. Eine Einführung. Anglistische Arbeitshefte 16. Tübingen.

Engel, Ulrich (1969). Zur Beschreibung der Struktur deutscher Sätze. In: Ulrich, E., Grebe, P. (Hrsg.), Neue Beiträge zur deutschen Grammatik. Hugo Moser zum 60. Geburtstag gewidmet. Duden Beiträge zu Fragen der Rechtschreibung, der Grammatik und des Stils 37. 35–52. Mannheim.

Engel, Ulrich (1970a). Die deutschen Satzbaupläne. In: WW 6/1970. 361–392.

Engel, Ulrich (1970b). Satzbaupläne und Satzanalyse. ZD 3/1970. 104–122.

Engel, Ulrich (1972a). Bemerkungen zur Dependenzgrammatik. In: Neue Grammatiktheorien und ihre Anwendung auf das heutige Deutsch. Sprache der Gegenwart 20. 111–155. Düsseldorf.

Engel, Ulrich (1972b). Umriß einer deutschen Grammatik. Vervielfältigt. Mannheim.

Engel, Ulrich (1974). Zur dependenziellen Beschreibung von Nominalphrasen. In: Engel, U./Grebe, P. (Hrsg.), Sprachsystem und Sprachgebrauch. Festschrift für Hugo Moser zum 65. Geburtstag. Sprache der Gegenwart 33. 58–89. Düsseldorf.

Engel, Ulrich (1977). Syntax der deutschen Gegenwartssprache. Berlin.

Engel, Ulrich/Schumacher, Helmut (1978). Kleines Valenzlexikon deutscher Verben. Forschungsberichte des Instituts für deutsche Sprache 31. 2. durchgesehene Auflage. Tübingen.

Engelen, Bernhard (1968). Zum System der Funktionsverbgefüge. In: WW 5/1968. 289–303.

Engelen, Bernhard (1975). Untersuchung zu Satzbauplan und Wortfeld in der geschriebenen deutschen Sprache der Gegenwart. Bd. 1–2. Heutiges Deutsch. Reihe I: Linguistische Grundlagen. Bd. 3.1–3.2. München.

Erben, Johannes (1972). Deutsche Grammatik. Ein Abriß. 11., völlig neubearbeitete Auflage. München.

Erlinger, Hans Dieter (1971). Reflexivpronomen und syntaktisches Programm. Ein Beitrag zur Valenztheorie. In: WW 3/1971. 145–153.

Fabricius-Hansen, Cathrine (1972). Über das ‚Prädikat‘ der neueren Wertigkeitstheorie. In: Kopenhagener Beiträge zur germanistischen Linguistik 1. 37–92. Kopenhagen.

Fabricius-Hansen, Cathrine (1979). Valenztheorie und Kontrastive Grammatik (Dänisch-Deutsch). In: Gedenkschrift für Trygve Sagen. 1924–1977. Osloer Beiträge zur Germanistik 3. Oslo. 40–55.

Fillmore, Charles J. (1971). Plädoyer für Kasus. In: Abraham, W. (Hrsg.), Kasustheorie. Schwerpunkte Linguistik und Kommunikationswissenschaft. Bd. 2. 1–118. Frankfurt.

Flämig, Walter (1971). Valenztheorie und Schulgrammatik. In: Helbig, G. (Hrsg.), Beiträge zur Valenztheorie. 105–121. The Hague/Paris.

Flämig, Walter (1972). Zur theoretischen Konzeption der Satzstrukturbeschreibung in einer Schulgrammatik. In: DaF 1/1972. 18–30.

Forstreuter, Eike (1968). Zur semantischen Spezifizierung der Umgebung einiger Verben. In: DaF 6/1968. 336–345.

Fourquet, J./Grunig, G. (1971). Valenz und Struktur. In: Helbig, G. (Hrsg.), Beiträge zur Valenztheorie. 11–16. The Hague/Paris.

Gaifman, H. (1965). Dependency Structures and Phrase-structure Systems. In: Information and Control 8. 304–337.

Götze, Lutz (1973). Funktionsverbgefüge im Deutschunterricht für Ausländer. In: ZD 2/1973. 54–61.

Götze, Lutz (1974a). Zur Frage des „strukturellen Zentrums" in einer Valenzgrammatik für Lernzwecke. In: ZD 1/1974. 22–29.

Götze, Lutz (1974b). Zu den Begriffspaaren „obligatorisch/fakultativ" und „notwendig/nicht notwendig" in einer Valenzgrammatik und ihrer Relevanz für den Sprachunterricht. In: ZD 2/1974. 62–71.

Götze, Lutz (1979). Valenzstrukturen deutscher Verben und Adjektive. Eine didaktische Darstellung. Heutiges Deutsch III/3. München.

Grimm, Hans-Jürgen (1972). Zum Problem der Satzglieder in der deutschen Grammatik. In: Daf 1/1972. 42–49.

de Groot, A.W. (1949). Structurale Syntaxis. Den Haag.

Große, Rudolf (1968). Zur Problematik von Satztyp und Kernsatz im Deutschen. In: Růžička, R. (Hrsg.), Probleme der strukturellen Grammatik und Semantik. 21–34. Leipzig.

Große, Rudolf (1971). Zum Verhältnis von Form und Inhalt bei der Valenz der deutschen Verben. In: Helbig, G. (Hrsg.), Beiträge zur Valenztheorie. 123–132. The Hague/Paris.

Hartmann, Dietrich (1979). Über die Valenz von Substantiven im Deutschen. In: ZGL 7 (1979). 40–55.

115

Hays, D.C. (1964). Dependency Theory: a Formalism and some Observations. In: Language 46. 304–309.

Heger, Klaus (1966). Valenz, Diathese und Kasus. In: ZRPh 82. 138–170.

Heger, Klaus (1971). Monem, Wort und Satz. Konzepte der Sprach- und Literaturwissenschaft 8. Tübingen.

Helbig, Gerhard (1965). Der Begriff der Valenz als Mittel der strukturellen Sprachbeschreibung und des Fremdsprachenunterrichts. In: DaF 1/1965. 10–23.

Helbig, Gerhard (1966). Untersuchungen zur Valenz und Distribution deutscher Verben 1–2. In: DaF 3/1966. 1–11. DaF 4/1966. 12–19.

Helbig, Gerhard (1969). Valenz und Tiefenstruktur. In: DaF 3/1969. 159–169.

Helbig, Gerhard (1971). Theoretische und praktische Aspekte eines Valenzmodells. In: Helbig, G. (Hrsg.), Beiträge zur Valenztheorie. 31–49. The Hague/Paris.

Helbig, Gerhard (1971a). Zu einigen Spezialproblemen der Valenztheorie. In: DaF 5/1971. 269–282.

Helbig, Gerhard (1971b). Zum sprachwissenschaftlichen Begriff der Valenz (Wertigkeit). In: Sprachpflege 11/1971. 225–229.

Helbig, Gerhard (Hrsg.) (1971). Beiträge zur Valenztheorie. Janua Linguarum. Series minor 115. The Hague/Paris.

Helbig, Gerhard (1972). Probleme der deutschen Grammatik für Ausländer. 2. unveränderte Auflage. Leipzig.

Helbig, Gerhard (1973). Geschichte der neueren Sprachwissenschaft. Leipzig.

Helbig, Gerhard (1975). Zu Problemen der linguistischen Beschreibung des Dialogs im Deutschen. In: DaF 2/1975. 65–80.

Helbig, Gerhard (1976). Zur Valenz verschiedener Wortklassen. In: DaF 3/1976. 131–146.

Helbig, Gerhard/Buscha, Joachim (1972). Deutsche Grammatik. Ein Handbuch für den Ausländerunterricht. Leipzig.

Helbig, Gerhard/Schenkel, Wolfgang (1969). Wörterbuch zur Valenz und Distribution deutscher Verben. 1. Auflage. Leipzig.

Helbig, Gerhard/Schenkel, Wolfgang (1973). Wörterbuch zur Valenz und Distribution deutscher Verben. 2., überarbeitete und erweiterte Auflage. Leipzig.

Henne, Helmut (1976). Was die Valenzlexikographie bedenken sollte. In: Kopenhagener Beiträge zur germanistischen Linguistik 12. 5–18.

Heringer, Hans-Jürgen (1967). Wertigkeiten und nullwertige Verben im Deutschen. In: ZDS 1–2/1967. 13–34.

Heringer, Hans-Jürgen (1968a). Die Opposition von ‚kommen‘ und ‚bringen‘ als Funktionsverben. Untersuchungen zur grammatischen Wertigkeit und Aktionsart. Sprache der Gegenwart 3. Düsseldorf 1968.

Heringer, Hans-Jürgen (1968b). Präpositionale Ergänzungsbestimmungen im Deutschen. In: ZDPh 87. 3/1968. 426–457.

Heringer, Hans-Jürgen (1970). Einige Ergebnisse und Probleme der Dependenzgrammatik. In: DDU 22. 4/1970. 42–98.

Heringer, Hans-Jürgen (1972). Deutsche Syntax. Sammlung Göschen 5246. 2. völlig neubearbeitete Auflage. Berlin/New York.

Heringer, Hans-Jürgen (1973). Theorie der deutschen Syntax. Linguistische Reihe. Bd. 1. 2. Auflage. München.

Heringer, Hans-Jürgen/Öhlschläger, Günther (1973). Wertigkeitstheorie und Sprachunterricht. In: Nickel, G. (Hrsg.), Angewandte Sprachwissenschaft und Deutschunterricht. 84–105. München.

Interjewa, Natalja F. (1971). Valenz und Satztiefenstruktur. In: Helbig, G. (Hrsg.). Beiträge zur Valenztheorie. 17–29. The Hague/Paris.

Jäntti, Ahti (1978). Zum Reflexiv und Passiv im heutigen Deutsch. Eine syntaktische Untersuchung mit semantischen Ansätzen. Annales Academiae Scientarum Fennicae, Dissertationes Humanarum Litterarum 15. Helsinki.

Jäntti, Ahti (1979). Zum Einfluß einiger grammatischer Kategorien auf die Verbvalenz. In: NPhM 4/1979. 358–384.

Junker, Klaus (1969). Zur Valenz beim Adjektiv. In: WZUB 18. 2/1969. 291–292.

Kolvenbach, Monika (1972). Verbvalenzuntersuchungen: Eine Voraussetzung für die Monosemierung von Verbinhalten. Linguistische Studien II. Sprache der Gegenwart. 22. Düsseldorf.

Korhonen, Jarmo (1977). Studien zu Dependenz, Valenz und Satzmodell. Teil I. Theorie und Praxis der Beschreibung der deutschen Gegenwartssprache. Dokumentation, kritische Besprechung, Vorschläge. Bern.

Korhonen, Jarmo (1978). Studien zu Dependenz, Valenz und Satzmodell. Teil II. Untersuchung anhand eines Luther-Textes. Bern.

Kunze, Jürgen (1975). Abhängigkeitsgrammatik. Studia grammatica 12. Berlin.

Lehmann, Dolly/Spranger, Ursula (1968). Zum Problem der subjektlosen Sätze. In: ZPhon 21. 3–4/1968.

Lerot, Jaques (1971). Pour une syntaxe profonde dépendielle. In: Mélanges J.L. Pauwels. Louvain, 121–143.

Lerot, Jaques (1973). Plädoyer für eine vielschichtige Syntax. In: Ten Cate, A.B./Jordens, P. (Hrsg.), Linguistische Perspektiven. Linguistische Arbeiten 5. 114–129. Tübingen.

Maas, Utz (1974). Dependenztheorie. In: Grundzüge der Literatur- und Sprachwissenschaft. Bd. 2: Sprachwissenschaft. Deutscher Taschenbuchverlag. Wissenschaftliche Reihe. 257–275. München.

Michailow, L.M. (1971). Zu Fragen der Reduzierung der Valenz im Dialog. In: DaF 3/1971. 180–182.

Michailow, L.M. (1974). Zur Syntagmatik der Sätze mit prädikativem Adjektiv im Deutschen. In: DaF 4/1974. 233–238.

Müller, Rolf (1971). Voraussetzungen der Valenzgrammatik. In: DD 2. 4/1971. 178–191.

Nikula, Henrik (1976). Verbvalenz: Untersuchungen am Beispiel des deutschen Verbs mit einer kontrastiven Analyse Deutsch-Schwedisch. Dissertation. Uppsala.

Nikula, Henrik (1978). Kontextuell und lexikalisch bedingte Ellipse. Publications of the Research Institute of the Åbo Akademi Foundation 35. Åbo.

Öhlschläger, Günther (1970). Zur Inhaltssyntax der Angaben. Vervielfältigt. Heidelberg.

Piitulainen, Marja-Leena (1980). Zum Problem der Satzglieder in der deutschen Grammatik der Gegenwart. Studia philologica Jyväskyläensia 14. Jyväskylä.

v. Polenz, Peter (1963). Funktionsverben im heutigen Deutsch. Sprache in der rationalisierten Welt. Beihefte zur Zeitschrift „Wirkendes Wort" 5. Düsseldorf.

v. Polenz, Peter (1969). Der Pertinenzdativ und seine Satzbaupläne. In: Festschrift für Hugo Moser zum 60. Geburtstag am 19. Juni 1969. 146–171. Düsseldorf.

Rall, Marlene/Engel, Ulrich/Rall, Dietrich (1977). DVG für DaF. Dependenz-Verb-Grammatik für Deutsch als Fremdsprache. Heidelberg.

Robinson, J.F. (1964). Dependency Structures and Transformational Rules. In: Language 46. 259–285.

Romeyke, Helga (1970). Untersuchung zur Valenz der deutschen Verben mit Richtungsbestimmung. Dissertation (ungedruckt). Leipzig.

Rosengren, Inger (1970). Zur Valenz des deutschen Verbs. In: MSpråk 1/1970. 45–58.

117

Schenkel, Wolfgang (1969a). Deutsche Satzmodelle für den Fremdsprachenunterricht. In: DaF 1/1969. 27–33.

Schenkel, Wolfgang (1969b). Formenbestand deutscher Satzmodelle. In: DaF 2/1969. 102–107.

Schenkel, Wolfgang (1971). Die Valenz im adnominalen Raum. In: Helbig, G. (Hrsg.), Beiträge zur Valenztheorie. 67–83. The Hague/Paris.

Schimanski, Annerose (1974). Zu Fragen der Verkürzung im dialogischen Text. In: DaF 4/1974. 227–233.

Schmidt, Wilhelm (1963). Lexikalische und aktuelle Bedeutung. Ein Beitrag zur Theorie der Wortbedeutung. Berlin.

Schmidt, Wilhelm (1966). Grundfragen der deutschen Grammatik. Eine Einführung in die funktionale Sprachlehre. 2., verbesserte Auflage. Berlin.

Schumacher, Helmut (1972). Zum deutschen Valenzlexikon. In: Neue Grammatiktheorien und ihre Anwendung auf das heutige Deutsch. Sprache der Gegenwart 20. 184–193. Düsseldorf.

Schumacher, Helmut (1974a). Verbale Valenz und Bedeutung. Ein Vorschlag zu einer dependentiellen Beschreibung auf logisch-semantischer Basis. IRAL-Sonderband. 146–151. Heidelberg.

Schumacher, Helmut (1974b). Papiere zur Dependenz und Semantik. Vervielfältigt. Mannheim.

Schumacher, Helmut (1975). Probleme der Verbvalenz. In: Werner, O./Fritz, G. (Hrsg.), Deutsch als Fremdsprache und neuere Linguistik. 41–66. München.

Schumacher, Helmut (Hrsg.) (1976). Untersuchungen zur Verbvalenz. Forschungsberichte des Instituts für deutsche Sprache 30. Tübingen.

Sommerfeldt, Karl-Ernst (1971). Zur Valenz des Adjektivs. In: DaF 2/1971. 113–117.

Sommerfeldt, Karl-Ernst (1973). Zur Besetzung der Leerstelle von Valenzträgern. In: DaF 2/1973. 95–101.

Sommerfeldt, Karl-Ernst/Schreiber, Herbert (1971). Untersuchungen zur syntaktischen und semantischen Valenz deutscher Adjektive (1). In: DaF 4/227–231.

Sommerfeldt, Karl-Ernst/Schreiber, Herbert (1974). Wörterbuch zur Valenz und Distribution deutscher Adjektive. Leipzig.

Sommerfeldt, Karl-Ernst/Schreiber, Herbert (1975). Zu einem Wörterbuch der Valenz und Distribution der Substantive. In: DaF 2/1975. 112–119.

Sommerfeldt, Karl-Ernst/Schreiber, Herbert (1978). Wörterbuch zur Valenz und Distribution der Substantive. Leipzig.

Starke, Günter (1973). Satzmodelle mit prädikativem Adjektiv im Deutschen. In: DaF 3/1973. 138–147.

Stepanowa, Maria D. (1971). Die „innere Valenz" des Wortes und das Problem der linguistischen Wahrscheinlichkeit. In: Helbig, G. (Hrsg.), Beiträge zur Valenztheorie. The Hague/Paris.

Stepanowa, Maria D./Helbig, Gerhard (1978). Wortarten und das Problem der Valenz in der deutschen Gegenwartssprache. Leipzig.

Stötzel, Georg (1970). Ausdrucksseite und Inhaltsseite der Sprache. Methodenkritische Studien am Beispiel der deutschen Reflexivverben. Linguistische Reihe. Bd. 3. München.

Tarvainen, Kalevi (1973). Zur Valenztheorie und ihrer praktischen Anwendung im Valenzwörterbuch von Helbig-Schenkel. In: NPhM 1/1973. 9–49.

Tarvainen, Kalevi (1976a). Die Modalverben im deutschen Modus- und Tempussystem. In: NPhM 1/1976. 9–24.

Tarvainen, Kalevi (1976b). Zur Satzgliedfrage in einer deutschen Dependenzgrammatik. In: NPhM 2/1976. 282–305.

Tarvainen, Kalevi (1977). Dependenssikielioppi (= Dependenzgrammatik). Helsinki.

Tarvainen, Kalevi (1979). Dependenzielle Satzgliedsyntax des Deutschen. Mit sprachgeschichtlichen Erläuterungen. Veröffentlichungen des Instituts für germanische Philologie der Universität Oulu 3. Oulu.

Tesnière, Lucien (1953). Esquisse d'une syntaxe structurale. Paris.

Tesnière, Lucien (1965). Eléments de syntaxe structurale. Deuxième édition revue et corrigée. Paris.

Teubert, Wolfgang H. (1973). Valenzänderungen abhängiger Verbalgruppen. In: Linguistische Studien 4. Sprache der Gegenwart 24. 196–225. Düsseldorf.

Teubert, Wolfgang (1979). Valenz des Substantivs. Attributive Ergänzungen und Angaben. Sprache der Gegenwart 49. Düsseldorf.

Witt, J.W. Ralf (1971). Dependenz und Abhängigkeit. Anmerkungen zu Heringers Versuch einer Präzisierung und Axiomatisierung der strukturalen Syntax Tesnières. In: ZDL 1/ 1971. 121–126.

Sachregister